해외여행
중국어회화

출발부터 귀국까지 8장면 55상황

해외여행 중국어회화

2008년 6월 25일 1판 2쇄 인쇄
2008년 7월 3일 1판 2쇄 발행

지은이 | 편집부
펴낸이 | 김남일
펴낸곳 | **TOMATO**
등록번호 | 제 6-6022호
주소 | 서울 동대문구 답십리3동 469-3 월드시티빌딩 501호
전화 | 0502-600-4925
팩스 | 0502-600-4924

ISBN 89-952980-9-×
파본은 교환해 드립니다(정가는 표지에 있습니다).

머리말

중국이라는 나라는 땅도 넓을 뿐만 아니라 볼거리도 풍부합니다. 대자연의 웅장함에서 역사적인 명소, 다양한 소수민족들의 흥미로운 생활 모습에 이르기까지 재미난 볼거리가 무궁무진합니다. 또한 최근에는 중국 경제의 눈부신 발전에 따라 관광 뿐만 아니라 비즈니스나 유학 등의 목적으로 중국을 찾는 분들이 많아지고 있습니다.

이 책은 여행, 비즈니스, 유학 등의 목적으로 중국을 방문하는 분들이 중국 여행 중 실제 겪게 될 장면을 예상해서 중국인과의 언어의 장벽을 해소해 드리기 위해 구성한 것입니다.

1 여행의 순서에 따라 상황별로 나누어 구성했습니다.

여행의 순서에 맞춰 중국 여행에서 부딪칠 수 있는 8가지 장면을 예상하고 그 장면에서 마주치게 되는 세부적인 상황을 나누어 각 상황에서 요긴하게 쓸 수 있는 회화 표현을 수록했습니다.

2 쉽게 말할 수 있는 짧은 문장으로 구성했습니다.

긴 문장을 암기해서 활용하는 것은 쉬운 일이 아니므로 가능한한 쉽게 말할 수 있는 간단한 문장을 기본으로 중국 여행시에 유용하게 쓸 수 있는 표현을 중심으로 구성했습니다.

3 우리말 발음을 달았습니다.

중국어 발음에 익숙하지 않은 분들을 위해 병음을 표기하고 원어민의 발음을 원칙으로 원어 발음에 가깝게 우리말 발음을 달아 두었습니다.

4 장면별로 꼭 알아두어야 할 단어를 수록했습니다.

단어만 말해도 웬만한 의사소통은 가능합니다. 따라서 각 장면 끝에는 알고 있으면 크게 도움이 될 여행시에 필요한 단어를 충분히 수록해 두었습니다.

이 책이 독자 여러분들의 중국 여행에 좋은 동반자가 되기를 기대합니다.

차례

중국의 성, 자치구 및 직할시 / 8
중국여행 준비 / 8
도량형 환산표 / 10

기초 중국어 발음과 문형

발음 / 14 문형 / 18

중국에 대하여 / 12

기본회화

초간단 필수 표현 / 24	감사할 때, 사과할 때 / 36
간단한 한마디 1 / 26	축하할 때, 기원할 때 / 38
간단한 한마디 2 / 28	부탁할 때 / 40
간단한 한마디 3 / 30	때와 시간 1 / 42
인사 / 32	때와 시간 2 / 44
소개 / 34	감정을 표현할 때 / 46

유용하게 쓸 수 있는 단어 / 48
친척과 인물, 때와 시간, 계절, 월 이름과 요일

출발 / 도착

초간단 필수표현과 여행정보 / 52	수하물 찾기 / 62
탑승, 기내 / 54	세관심사 / 64
기내 서비스, 면세 쇼핑 / 56	환전 / 66
기내에서의 문제 / 58	공항에서 호텔로 / 68
입국심사 / 60	

유용하게 쓸 수 있는 단어 / 70

숙박

초간단 필수표현과 여행정보 / 74	룸 서비스 / 84
호텔 찾기 / 76	이발과 미용 / 86
체크인 / 78	호텔에서의 문제 / 88
프론트 이용 1 / 80	체크아웃 / 90
프론트 이용 2 / 82	

유용하게 쓸 수 있는 단어/ 92

전화 / 우편

초간단 필수표현과 여행정보 / 96	국제전화 / 102
시내전화 / 98	우체국 / 104
부재중, 잘못 걸린 전화 / 100	

유용하게 쓸 수 있는 단어/ 106

교통수단

초간단 필수표현과 여행정보 / 108	열차 2 / 118
길, 교통수단 묻기 / 110	버스 / 120
비행기, 배 / 112	택시 / 122
표 사기 / 114	렌터카, 자전거 빌리기 / 124
열차 1 / 116	지하철 / 126

유용하게 쓸 수 있는 단어/ 128

차례

식사

초간단 필수표현과 여행정보 / 132	음료 / 142
식당 알아보기와 예약 / 134	패스트푸드, 포장마차 / 144
식사 초대 / 136	식사 때의 문제 / 146
주문 / 138	계산 / 148
식사중에 / 140	

중국요리의 용어 / 150
유용하게 쓸 수 있는 단어 / 151

쇼핑

초간단 필수표현과 여행정보 / 156	신발, 가방, 모자를 살 때 / 166
매장이나 상점 알아 보기 / 158	옷 살 때, 옷 맞출 때 / 168
흥정할 때 / 160	차, 한약, 화장품 살 때 / 170
미술품, 공예품, 문구 살 때 / 162	계산, 교환, 포장 / 172
보석, 악세사리 살 때 / 164	

유용하게 쓸 수 있는 단어 / 174

관광

초간단 필수표현과 여행정보 / 178	사진 / 186
관광안내소에서 / 180	미술관, 박물관 / 188
길 안내 / 182	연극, 영화 / 190
관광 / 184	

유용하게 쓸 수 있는 단어 / 192

긴급상황

초간단 필수표현과 여행정보 / 196	병원 / 202
분실, 도난 / 198	약국 / 204
몸이 아플 때 / 200	

유용하게 쓸 수 있는 단어 / 206

중국의 성, 자치구 및 직할시

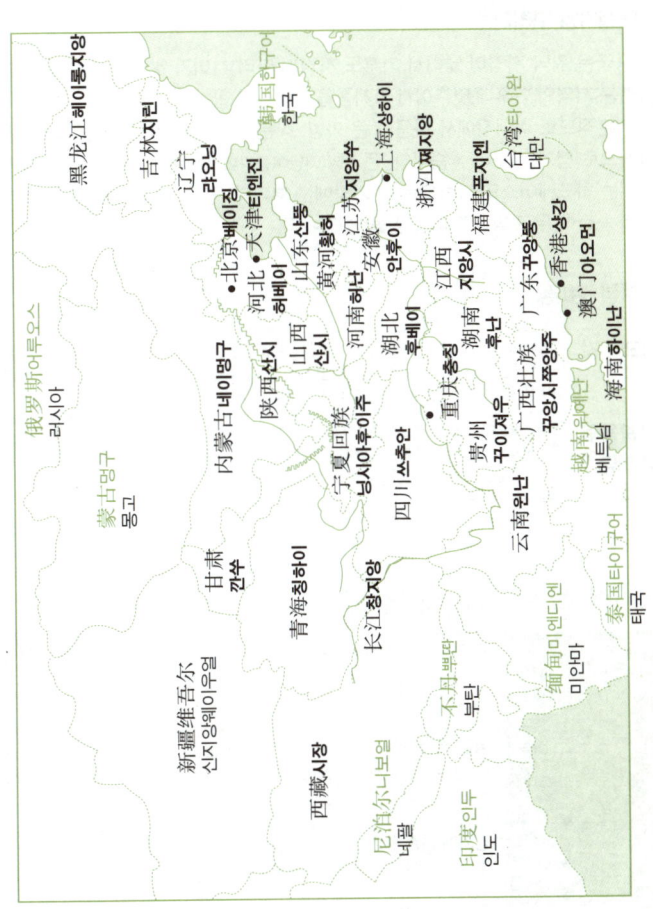

중국여행 준비

여행가방 꾸리기

중국은 워낙 지역이 넓어서 기후도 지역에 따라 차이가 많습니다. 때문에 방문하려는 지역의 기후에 맞추어서 소지품을 준비해야 합니다.

기본적으로 여행지에서 사용할 큰 가방, 작은 가방, 벨트색 등 3종류의 가방을 중심으로 챙기는 것이 좋습니다. 큰가방(배낭여행자에게는 큰 배낭)은 일반 여행자들에게는 하드케이스의 가방으로 이 가방에는 부피가 큰 옷, 속옷, 세면도구 등 호텔 등의 숙소에 두고 맡기고 다닐 짐을 넣습니다.

여행 준비물

중요한 것	여권, 항공권, 여행자 보험증, 여행자 수표 및 현금, 각종 증명서(유스호스텔증, 국제운전면허증, 국제 학생증), 신용카드, 한국돈(출입국시 공항이용권 구입비및 차비), 복사본(여권, 항공권, 보험증), 예비용 사진(5~6매정도)
생활용품 및 의류	속옷과 양말, 바지와 반바지(기후에 맞게), 스웨터와 점퍼, 일반 셔츠, 운동화, 구두, 샌들, 우산, 선글라스, 모자, 수영복, 수건, 세면도구, 비상약, 필름, 카메라, 미니카세트, 건전지, 랜턴, 계산기(물가, 환율 계산), 면도기

세부적으로 점검해 볼 것들

☐ 옷	중국인들은 옷차림에는 그다지 신경을 쓰지 않습니다. 따라서 평소에 입어 편안하고 간단히 세탁하기 쉬운 옷가지를 중심으로 짐을 꾸립니다.
☐ 세면도구	작은 호텔이나 여관 수준의 초대소에는 설비가 잘 돼 있지 않은 곳이 많으므로 여행용 세면 도구와 수건을 준비합니다. 필요하다면 드라이어, 화장품, 손톱깎기를 챙기는 것도 좋습니다.
☐ 신발	걷기에 편한 것으로. 여름에는 샌들도 아주 편하지만 배낭여행의 경우는 운동화를 신는 것이 좋겠지요.
☐ 우산	휴대가 간편한 것으로 준비.
☐ 작은 가방	항공기 내에 들고 탈 가방, 현지에서 여행 중에 들고 다닐 가방으로 필수적인 것들만 모아서 이용할 수 있도록 합니다.
☐ 여행수첩	일정표와 환율표를 준비해 두고 여권번호, 비자번호, 발행일, 발행지, 여행자수표 번호, 대사관 전화번호 등 긴급 연락처 등을 적어둡니다.

☐ 신분증	신분증, 신분증 사본(사진도 같이 준비)
☐ 구급약	중국에서는 우리 나라와 달리 약국을 발견하기 어렵습니다. 따라서 미리 소화제, 설사제, 항생연고, 감기약 등은 준비해 가는 것이 좋습니다.
☐ 여행정보 및 안내서	떠나기 전에 충분히 검토하고 필요한 것만 챙깁니다.
☐ 벨트색	영수증이나 간단한 지도 등을 넣어두는 곳으로 활용.
☐ 목걸이 지갑	만일의 사태를 대비해서 목걸이 지갑이나 복대를 준비하여 잃어버리면 여행을 망치게 되는 여권이나 항공권, 현금 등 중요한 물건을 보관하는 것도 짐을 챙기는 요령입니다.

여행자 보험

여행시에 불의의 사고를 당했을 때를 대비하여 여행자 보험이 필요합니다. 특히 배낭여행자인 경우 입원 등으로 많은 돈을 지출해야 할 경우 크게 도움이 됩니다. 따라서 여행기간 동안에는 보험에 들어 두는게 좋습니다.

현재 국내의 여행자 보험의 종류와 보상 내용은 대개 비슷합니다. 여행사에서 싼 가격의 보험들을 취급하고 있으므로 이를 이용하도록 하고 가입 전에 반드시 계약 내용을 확인해 둡니다. 특히 계약기간과 보상 내용 그리고 현지 보상 여부를 확인해 두어야 하며 여행자 보험 증명서는 여행시에 가지고 다니는 것이 좋습니다.

도량형 환산표

길이

단위	척(尺)	간(間)	정(町)	리(里)	마일(mile)	야드(yard)	피트(feet)	인치(inch)	미터(m)	센티미터(cm)
1cm	0.033	0.0055	0.00009	...	...	0.0109	0.0328	0.3937	0.01	1
1m	3.3	0.55	0.00917	0.00025	0.0006	1.0936	3.2808	39.37	1	100
1인치	0.0838	0.0140	0.0002	...	...	0.0278	0.0833	1	0.0254	2.54
1피트	1.0058	0.1676	0.0028	...	0.00019	0.3333	1	12	0.3048	30.48
1야드	3.0175	0.5059	0.0083	0.0002	0.0006	1	3	36	0.9144	91.438
1마일	5310.8	885.12	14.752	0.4098	1	1760	5280	63360	1609.3	160930
1척	1	0.1667	0.0028	0.00008	0.0002	0.3314	0.9942	11.93	0.303	30.303
1간	6	1	0.0167	0.0005	0.0011	1.9884	5.965	71.582	1.818	181.818
1정	360	60	1	0.0278	0.0678	119.304	357.91	4294.9	109.091	10909
1리	12960	2160	36	1	2.4403	4295	12885	154619	3927.27	392727

무게

단위	돈	근(斤)	관(貫)	파운드(lb)	온스(oz)	그레인(gr)	톤(ton)	킬로그램(kg)	그램(g)
1g	0.26666	0.00166	0.000266	0.0022	0.03527	15.432	0.000001	0.001	1
1kg	266.666	1.6666	0.26666	2.20459	35.273	15432	0.001	1	1000
1톤	266666	1666.6	266.666	2204559	35273	...	1	1000	1000000
1그레인	0.01728	0.00108	0.000017	0.00014	0.00228	1	...	0.00006	0.06479
1온스	7.56	0.0473	0.00756	0.0625	1	437.4	0.000028	0.02835	28.3495
1파운드	120.96	0.756	0.12096	1	16	7000	0.00045	0.45359	453.592
1돈	1	0.00625	0.0001	0.00827	0.1223	57.872	0.000004	0.00375	3.75
1근	160	1	0.16	1.32279	21.1647	9259.556	0.0006	0.6	600
1관	1000	6.25	1	8.2672	132.28	57872	0.00375	3.75	3750

부피

단위	말(斗)	되(升)	홉(合)	갤런(gal)	세제곱야드(yd³)	세제곱피트(ft³)	세제곱인치(in³)	리터(l)	세제곱미터(m³)	세제곱센티미터(cm³)
1cm³	0.00005	0.00055	0.00554	0.00026	0.00001	0.00003	0.06102	0.001	0.0001	1
1m³	55.4352	554.325	5543.52	264.186	1.30820	35.3165	61027	1000	1	1000000
1리터	0.05543	0.55435	5.54325	0.26418	0.0013	0.03531	61.027	1	0.001	1000
1in³	0.0091	0.00908	0.09083	0.00432	0.00002	0.00057	1	0.01638	0.00001	16.386
1ft³	1.56966	15.6966	156.966	7.48051	0.03703	1	1728	28.3169	0.02931	28316.8
1yd³	42.3809	423.809	4238.09	201.974	1	27	46656	764.511	0.76451	764511
1갤런	0.20983	2.0983	20.9833	1	0.00495	0.16368	231	3.78543	0.00378	3785.43
1말	1	10	100	4.76567	0.2359	0.63707	1100.41	18.039	0.01803	18039
1되	0.1	1	10	0.47656	0.00234	0.0637	110.041	1803.9	0.0018	1.8039
1홉	0.01	0.1	1	0.04765	0.00023	0.0066	11.0041	0.18039	0.00018	180.39

넓이

단위	정보	단보	평	평방자	에이커(acre)	제곱야드(yd²)	제곱피트(ft²)	아르(a)	제곱미터(m²)
1m²	0.0001	0.001008	0.3025	10.89	0.00024	1.1958	10.764	0.01	1
1a	0.01008	0.10083	30.25	1089	0.02471	119.58	1076.4	1	100
1ft²	0.000009	0.0009	0.0281	1.0117	0.000022	0.1111	1	0.000929	0.092903
1yd²	0.00008	0.00084	0.25293	9.1055	0.000207	1	9	0.00836	0.83613
1acre	0.40806	4.0806	1224.2	44071.2	1	4840	43560	40.468	4046.8
1평방자	0.000009	0.00009	0.02778	1	...	0.10982	0.98841	0.00091	0.09182
1평	0.00033	0.00333	1	36	0.00081	3.9537	35.583	0.03305	3.3058
1단보	0.1	1	300	10800	0.24506	1186.1	10674.9	9.9174	991.74
1정보	1	10	3000	108000	2.4506	11861	106794	99.174	9917.4

기초중국어
발음과 문형

중국에 대하여
1. 발음
2. 문형

중국에 대하여

1 국가 개관

국가 이름은 중화인민공화국이고 수도는 베이징(北京). 인구는 12억으로 94%의 한족과 6%의 55개 소수민족으로 구성되어 있습니다.

소수 민족으로는 쫭족, 몽고족, 후이족, 먀오족, 조선족 등 55개 민족이 있고 가장 많은 쫭족이 전체 인구의 1.33%이고, 가장 적은 뤄바족(珞巴族)은 2천명이 채 안 될 정도입니다.

캐나다에 이어 세계에서 두 번째로 큰 나라로 면적은 9,596.96㎢로 우리 나라 남북한 전체의 44배, 남한의 96배에 달하고, 국경을 맞대고 있는 나라도 12개국입니다.

일반적으로 한어(漢語)로 불리는 중국어는 세계에서 가장 많은 인구가 사용하는 언어이며 표준어를 보통화(普通話)라고 합니다. 중국에는 지역에 따라 방언이 심해 중국인 사이에서도 의사소통이 안되는 경우가 종종 있는데, 최근에는 정부 차원의 국어사용 운동으로 표준어 사용이 활발해지고 있습니다.

2 시차

우리 나라와의 시차는 -1시간으로 한국 시간이 한 시간 빠릅니다.

3 통화단위와 환율

인민폐(RMB) 단위는 위안(元=块콰이: 구어), 쟈오(角=毛마오: 구어), 펀(分)으로 1元=10角=100分입니다. 1위안 이하 단위는 동전과 지폐가 함께 사용되고 지폐는 5위안, 10위안, 50위안, 100위안 짜리로 구분됩니다. 환율은 미화 1달러에 약 8.27위안입니다.

4 행정구역

행정구역은 23개의 성(省)과 5개 자치구와 4개 직할시 그리고 1개 특별 행정구로 되어 있습니다. 5개 자치구에는 내몽고, 신강위그루, 티벳, 영화 회족, 광서 장족자치구가 있고 직할시에는 베이징, 상하이, 톈진, 총칭 등이 있습니다.

5 중국의 지형

중국의 지형은 서고 동저(西高東低)의 계단형. 서쪽 국경 지대는 알타이, 톈샨(天山), 파미르, 히말라야 등 해발 7,000~8,000m의 대산맥이고, 동쪽 해안 지대는 해발 200m의 평원입니다.

중국 대륙은 두 개의 큰 강을 기준으로 구분되는데, 창강(長江)을 기준으로 화중(華中)과 화난(華南)이, 황허(黃河)를 기준으로 화베이(華北)가 나누어집니다. 창강(長江)은 우리 나라에서는 흔히 양쯔강이라고도 부르며, 나일강, 아마존강, 미시시피강에 이어 세계에서 네 번째의 긴 강입니다. 황하 고원을 흘러내리는 황허는 이름 그대로 누런 황톳물이 그대로 황해로 흘러듭니다.

6 전압

일반적으로 220V이지만, 플러그의 모양이 틀려서 우리 나라의 전기제품들과 맞지 않는 경우가 많습니다. 따라서 여행시 건전지를 이용하는 제품을 휴대하거나 호텔 카운터에서 어댑터를 빌려 사용하여야 합니다.

7 여행시기

중국은 국토가 매우 넓기 때문에 일률적으로 어느 시기가 적당한 때라고 말할 수는 없지만 기후 조건을 따져 보았을 때 겨울보다는 늦봄에서 가을까지가 적당합니다. 만약 백두산을 목적지로 가는 여행이라면 여름이 적당합니다.

기초중국어 **발음과 문형**

발음

중국어는 모음만으로 또는 자음과 모음의 결합으로 발음됩니다. 이 음의 단위를 음절이라 부르는데 그 수는 약 400개 정도로 대략 자음 21개, 모음 35개 정도로 나눌 수 있습니다. 이 원리를 잘 알아 두면 어떤 발음도 발음할 수 있게 됩니다.

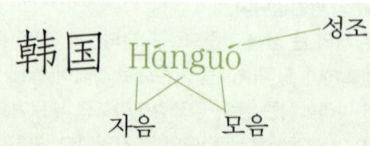

 모음   모음은 6개의 단모음과 29개의 복합모음이 있습니다.

단모음

a   아   우리말의 '아' 보다 입을 크게 벌려서 확실하게 발음합니다.
- 예 他(tā 타아) 그

o   오   입술을 둥글게 앞으로 내서 발음합니다. 우리말 '아' '오'의 중간음.
- 예 破(pò 포오) 깨지다

e   어   입술 모양은 우리말 '에'와 같이, 목구멍 뒤에서 '어' 라고 발음합니다.
- 예 喝(hē 허) 마시다

yi   이   입술을 충분히 좌우로 벌리고 발음합니다.
- 예 米(mǐ 미) 쌀

wu   우   입술을 앞으로 내고 작게 오무려서 발음합니다.
- 예 路(lù 루) 길

yu   위   입술을 '우' 모양으로 해서 '위' 라고 발음합니다.
- 예 去(qù 취) 가다

복합 모음

ai 아이 강하게 '아' 라고 발음한 뒤에 가볍게 '이' 를 붙여 발음합니다.
예 再(zài 짜이) 다시

ei 에이 강하게 '에' 라고 발음한 뒤에 가볍게 '이' 를 붙여 발음합니다.
예 累(lèi 레이) 피로하다

ao 아오 강하게 '아' 라고 발음한 뒤에 가볍게 '오' 를 붙여 발음합니다.
예 好(hǎo 하오) 좋다

ou 오우 강하게 '오' 라고 발음한 뒤에 가볍게 '우' 를 붙여 발음합니다.
예 都(dōu 또우) 모두

이외에 복합모음에는 3중모음과 n, ng를 동반한 모음, 그리고 r발음에 가까운 권설모음도 있습니다. 그러나 기본은 단모음 6개의 발음으로 구성되어 있으므로 우선 이 발음을 확실하게 익혀 두어야 합니다. 이때 u는 wu와 yu의 두 개의 계통인 점에 주의 해야 합니다. 또한 복합모음은 하나의 모음이므로 따로따로 발음하지 말고 하나의 모음처럼 발음해야 합니다.

자음
자음은 숨을 내는 방법에 따라 2가지로 나뉩니다.

자음에는 숨을 강하게 토해내서 발음하는 유기음과, 숨을 삼가해서 내는 무기음이 있습니다. 그러나 이 어느 쪽도 아닌 음도 있습니다.

유기음의 예 : po / te / ke / qi / ci / chi

무기음의 예: bo / de / ge / ji / zi / zhi

21개의 자음은 발음되는 위치에 따라 6종류로 나눌 수 있습니다.

순음(위아래입술, 윗니와 아랫입술을 사용합니다)

b (쁘어) 위아래 입술을 가볍게 파열시키는 무기음입니다.
p (프어) 위아래 입술을 강하게 파열시는 유기음입니다.

설첨음(혀끝과 경구개를 사용합니다)

d (뜨어) 혀끝을 윗잇몸에 대었다 떼면서 가볍게 파열시키는 무기음입니다.
t (트어) 혀끝을 윗잇몸에 대었다 떼면서 강하게 파열시는 유기음입니다.

설근음(혀뿌리와 연구개를 사용합니다)

g(끄어)
k(크어) } 혀뿌리와 연구개를 사용해서 목구멍 근처에서 소리를 냅니다.
h(흐어)

설면음(설면과 경구개를 사용합니다)

j (지) 설면을 입천장에 가볍게 대었다 떼면서 우리말의 '지' 에 가깝게 발음합니다.

권설음(혀끝과 경구개 앞부분을 사용합니다)

zh (쯔을) 혀끝을 안으로 말아올리고 입천장에 가볍게 닿게 한 다음 약간 떼면서 숨을 내쉬며 '쯔을' 처럼 발음합니다.
ch, sh, r의 발음도 이런 식으로 발음합니다.

설치음(혀끝과 윗니 안쪽을 사용합니다)

z (쯔) 아랫니와 윗니를 맞물고 혀끝을 윗니 안쪽에 대고 가볍게 '쯔' 라고 발음합니다.
이외에 c, s도 같은 식으로 발음합니다.

성조

중국어에서는 같은 음절이라도 음의 높낮이와 길이에 따라 의미가 달라집니다. 이것을 성조라 합니다. 성조는 4종류와 경성이 있고 가장 강한 모음 위에 성조 기호를 붙입니다.

경성이란 가볍고 약하게 발음하는 음절을 말하고 기호는 붙이지 않습니다.

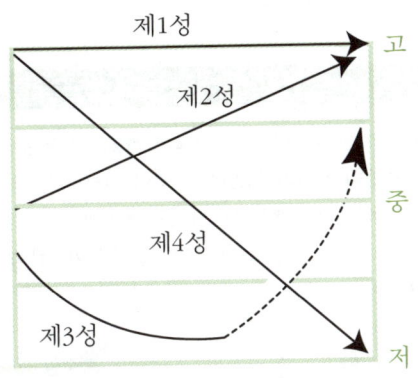

- 제1성: 높고 평탄한 소리입니다.
- 제2성: 중간 높이에서 순간적으로 높은 소리로 올립니다.
- 제3성: 중간 높이에서 시작해서 차차로 낮은 소리로 내리고 다시 자연스럽게 올립니다.
- 제4성: 높은 소리에서 낮은 소리로 떨어뜨리는 소리입니다.

이 4종류의 성조의 소리의 길이는 제3성이 가장 길고 제4성이 가장 짧습니다.

기초중국어 **발음과 문형**

문형

중국어의 어순은 '주어+동사'가 기본입니다. 문형은 한국어보다는 영어에 가깝지만, 동사의 활용이나 단어의 어미변화가 전혀 없어서 그다지 어렵지 않습니다. 중요한 것은 2인칭 경어의 용법 등, 상대방에 대해 실례가 되지 않도록 말하는 법을 잘 알아 두어야 한다는 것입니다.

 인칭대명사

중국어 인칭대명사에는 주격 또는 소유격 등의 변화가 없습니다. 복수형은 단수형에 '们'을 붙이면 됩니다. 그러나 2인칭 '你'의 경어인 '您'이 있으므로 친근한 사이가 아니라면 상대방에 대해 정중어인 '您'을 사용할 것을 권합니다.

또한 3인칭인 '她'는 그녀, '它'는 사물이나 동물을 가리킬 때 쓰이는데 발음은 '그'를 가리키는 '他'와 같습니다.

	단수형	복수형
1인칭	我wǒ워	我们wǒmen워먼/咱们zánmen잔먼
2인칭	你nǐ니/您nín닌	你们nǐmen니먼/您们nínmen닌먼
3인칭	他tā타/她tā타/它tā타	他们tāmen타먼/她们tāmen타먼/它们tāmen타먼

 지시대명사

지시대명사는 가까운 사물 또는 사람을 가리키는 '这zhè'와 멀리 있는 것을 가리키는 '那nà'로 나눌 수 있습니다.

이/저	这zhè쩌 / 那nà나
여기/거기	这儿zhèr쩔 / 那儿nàr날
이 무렵/그 무렵	这会儿zhè huìr쩌후월 / 那会儿nà huìr나후월

의문사

누가	谁shuí 쉐이
언제	什么时侯shénme shíhou 선머 스호우
어디	哪里nǎli 나리
어떻게	怎么zěnme 쩐머
왜	为什么wěi shénme 웨이 션머
무엇	什么shénme 션머
몇 개	几个jǐge 지 거
얼마나(어느 정도: 양)	多少duōshǎo 뚜어샤오
얼마나(시간)	多长时间duōcháng shíjiān 뚜어창 스지엔
얼마나(돈)	多少钱duōshǎo qián 뚜어샤오 치엔
누구의 것	谁的东西shuí de dōngxī 쉐이 더 똥시
어느 쪽	哪边nǎbiān 나비엔

 기본 문형

중국어 문형은 간결하고 쉽습니다. 긍정문은 '주어+술어' 순으로 나열하고 술어로는 동사, 형용사, 그리고 영어의 be와 가까운 '是' 와 명사의 조합 등이 쓰입니다. 과거·현재·미래 등 시제의 변화는 조사 또는 부사로 나타냅니다.

주어+동사

예 我去。Wǒ qù.워취   나는 간다.

동사 '去취' 뒤에 조사 '了러' 를 놓으면 '갔었다' 라는 과거형이 됩니다.

주어+동사+목적어

예 我喝红茶。Wǒ hē hóngchá. 워 허 훙츠아   나는 홍차를 마신다.
'마시고 싶다' 라는 바람은 동사 '喝허' 앞에 '想시앙' 을 넣으면 됩니다.

주어+是+명사

예 那是本子。Nà shì běnzi. 나 스 번쯔   그것은 노트입니다.
영어의 be 동사와는 달리 뒤에 형용사가 올 경우, 동사 '是스' 는 쓰이지 않습니다.

주어+형용사

예 他很努力。Tā hěn nǔlì. 타 헌 누리   그는 매우 노력한다.
부사 '很헌' 은 '매우' 라는 의미의 부사로 형용사 앞에 오는 경우가 많습니다.

주어+동사+보어

예 我住在北京。Wǒ zhù zài Běijīng. 워 쭈 짜이 베이징   나는 베이징에 살고 있다.
전치사구 보어 '在짜이' 는 '~에' 라는 장소를 나타내며 동사 뒤에 보어로 쓰인다.

 의문문

중국어 의문문은 문장 끝에 '吗ma마' 를 첨가하는 형, 긍정과 부정의 술어를 나열하는 형, 의문사를 사용하는 형의 3가지로 크게 나눌 수 있습니다. 영어와는 달리 주어와 술어를 바꿀 필요는 없습니다. 여행지의 회화에서는 '吗' 를 사용하는 형과 의문사를 활용하는 형이 활용도가 높습니다. 가장 간단한 '吗' 를 사용한 의문형은 우리말에서 '~이다' 를 '~입니까?' 로 바꾸는 것이라고 생각하면 됩니다.

말끝에 吗를 붙이는 형

- 예 他是中国人吗?Tā shì Zhōngguórén ma? 타 쓰 쭝구어런 마   그는 중국인입니까?
- 예 韩国大吗?Hánguó dà ma? 한구어 따 마   한국은 큽니까?

의문사를 사용하는 형

- 예 那是什么?Nà shì shénme? 나 쓰 션머   저것은 무엇입니까?
- 예 他住在哪儿?Tā zhù zài nǎr? 타 쭈 짜이날   그는 어디에 살고 있습니까?

긍정과 부정 술어를 나열하는 형

- 예 那是不是猫?Nà shì bushi māo? 나 쓰 부쓰 마오   저것은 고양이입니까, 아닙니까?
- 예 他去不去?Tā qùbuqu? 타 취 부취   그는 갑니까, 가지 않습니까?

의문사 什么를 사용한다.

의문사 '什么션머'는 명사 앞에 놓여 '무슨~, 어떤 ~'이라는 의미를 나타낼 수 있습니다.

- 예 什么水果?Shénme shuǐguǒ? 션머 수이 구어   어떤 과일입니까?
- 예 什么书?Shénme shū? 션머 수   무슨 책입니까?

 부정문

거절할 때에는 단호하게 '不行뿌씽'이라고 말할 것. 중국어 부정문은 술어 앞에 '不뿌' 또는 '没有메이여우'를 놓는 것이 기본입니다. '不'는 의지에 따르는 부정을 나타내어 현재 또는 미래의 동작이나 상태의 부정을 나타내고, '没有'는 과거부터 현재에 이르는 동작의 부정 또는 소유나 존재의 부정을 나타냅니다.

- 예 他不是中国人。Tā búshì Zhōngguórén. 타 부스 쭝구어런   그는 중국인은 아니다.
- 예 我没有本子。Wǒ méiyǒu běnzi. 워 메이여우 번쯔   나는 노트를 갖고 있지 않다.

중국인의 생활

중국 복장으로는 치파오와 중산복이 있습니다. 치파오는 만주족의 전통복장이었는데 청나라 때 유행되기 시작하여 현재 중국 전통 복장으로 되어 있습니다. 그러나 실용성이 없어 일상생활에서 입고 다니는 중국인을 보기가 어렵고 서비스업에 종사하는 직원들이 주로 입습니다. 중산복은 손문선생이 생활에 편리하게 고안한 옷으로 현재는 농촌이나 나이가 많은 사람들이 즐겨 입고 있는 것을 볼 수 있습니다. 젊은 계층에서는 서양 의복 문화가 널리 퍼져 있어 서양식 의복을 즐겨 입습니다.

대도시에 사는 중국인들은 대부분 침대에서 생활하며, 도시의 아파트식 중국집은 평수에 비해 많은 방을 만들어 답답한 느낌을 줍니다.

중국인들은 전혀 관계가 없는 사람에게는 상당히 무뚝뚝합니다. 그러나 친구라든가 알게 된 사람에 대해서는 매우 예의 바르고 친절합니다. 초대를 받아 방문할 때는 혼자 가는 것이 좋고 사전 양해 없이 상대방이 잘 모르는 사람을 데리고 가는 것은 피하는 것이 좋습니다. 또한 처음 만났을 때는 상대방이 대답하기 부담스러운 질문은 삼가는 것이 좋습니다.

여행정보를 수집할 수 있는 곳

- **서점** ... 여행 안내서 코너에서 다양한 정보를 한꺼번에 얻을 수 있습니다. 책을 고를 때는 최근 정보를 수록한 것인지를 꼼꼼히 확인해야 합니다.
- **인터넷과 여행정보센터** ... 인터넷과 사설 정보센터를 이용할 수도 있는데 이런 곳에 실린 여행자의 생생한 경험담도 좋은 정보가 됩니다.
- **한국관광공사 여행정보 자료실** ... 관광객 유치를 목적으로 홍보하는 관광국에는 각종 안내서와 관광지도, 호텔 리스트 등을 비치해 두고 있습니다. 관광국이 별도로 없는 나라는 대사관에 관광과를 두고 있으므로 한번쯤 들러보는 것이 좋습니다.
- **항공사와 여행사** ... 항공사와 여행사에 비치된 팜플렛이나 여행설명회에서 현지 사정 등에 대한 정보를 얻을 수 있습니다.

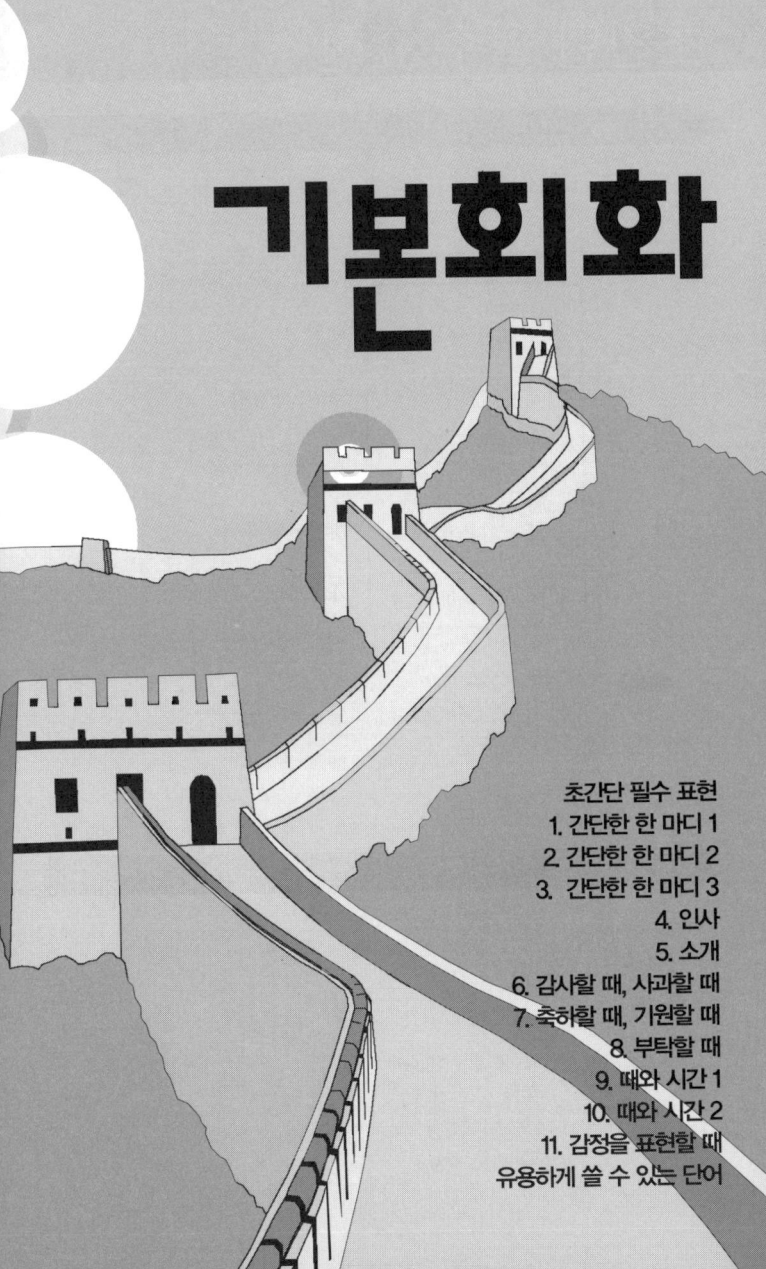

기본회화

초간단 필수 표현
1. 간단한 한 마디 1
2. 간단한 한 마디 2
3. 간단한 한 마디 3
4. 인사
5. 소개
6. 감사할 때, 사과할 때
7. 축하할 때, 기원할 때
8. 부탁할 때
9. 때와 시간 1
10. 때와 시간 2
11. 감정을 표현할 때
유용하게 쓸 수 있는 단어

초간단 필수 표현

● 저는 ~입니다.

Wǒ shì
我是 [   ]。
워 스

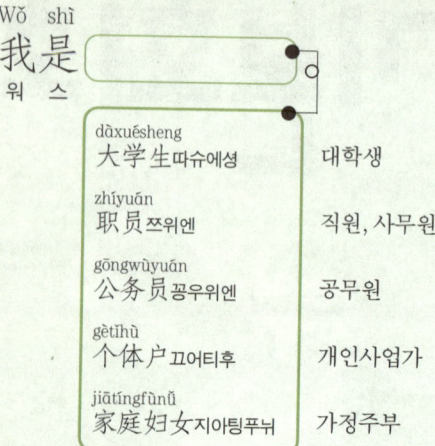

dàxuésheng 大学生 따슈에성	대학생
zhíyuán 职员 쯔위엔	직원, 사무원
gōngwùyuán 公务员 꽁우위엔	공무원
gètǐhù 个体户 끄어티후	개인사업가
jiātíngfùnǚ 家庭妇女 지아팅푸뉘	가정주부

관련표현
● 직업은 무엇입니까?
做什么工作? Zuò shénme gōngzuò?
쭈어 션머 꽁주어

● 제 이름은 ~입니다.

Wǒ jiào
我叫○○○。
워 지아오

관련표현
● 당신의 이름은 무엇입니까?
您叫什么名字? Nín jiào shénme míngzi?
닌 지아오 션머 밍즈

您은 你의 경어 표현.

~살입니다.

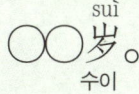
○○岁。
suì
쑤이

관련표현
- 몇 살입니까?

  多大?Duōdà?
  뚜어따

...는 ...의 ~입니다.

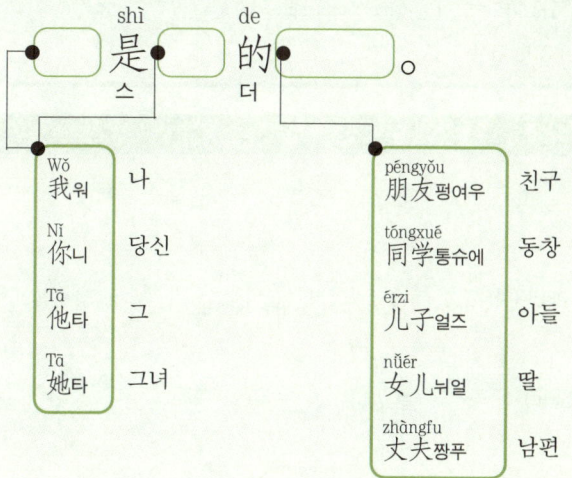

□ 是 □ 的 □ 。
  shì   de
  스   더

Wǒ 我 워	나
Nǐ 你 니	당신
Tā 他 타	그
Tā 她 타	그녀

péngyou 朋友 펑여우	친구
tóngxué 同学 퉁슈에	동창
érzi 儿子 얼즈	아들
nǚ'ér 女儿 뉘얼	딸
zhàngfu 丈夫 짱푸	남편

기본회화

01 간단한 한 마디 1

■ Point 1   맞춤 표현

🔺 실례지만, ~(다른 사람에게 말을 걸 때)
对不起, ~ Duìbuqǐ, ~
뚜이부치

🔺 이것은 무엇입니까?
这是什么? Zhè shì shénme?
쩌 쓰 션머

🔺 잠깐만 기다려 주세요.
请稍等一下。Qǐng shāo děng yíxià.
칭 샤오 덩 이샤

Point 2   유용하게 쓸 수 있는 표현

☐ 네.	是。Shì.	스
☐ 아뇨, 아닙니다.	不, 不是。Bù, bú shì.	뿌 부쓰
☐ 그렇습니다.	是的。Shì de.	스 더
☐ 그렇습니까?	是吗? Shì ma?	스 마
☐ 그렇지 않습니다.	不是。Bú shì.	부 쓰

☐ 틀립니다.	不对。Bú duì.	부 뚜이
☐ 아뇨.	不。Bù.	뿌
☐ 됩니다.	行。Xíng.	싱
☐ 좋아요.	好。Hǎo.	하오
☐ 좋습니다.	好的。Hǎo de.	하오 더
☐ 괜찮습니까?	可以吗?Kěyǐ ma?	커이 마
☐ 괜찮습니다.	可以。Kěyǐ.	커이
☐ 안됩니다.	不行。Bù xíng.	뿌 싱
☐ 아시겠습니까?	懂了吗?Dǒng le ma?	동 러 마
☐ 알았습니다.	懂了。Dǒng le.	동 러
☐ 모르겠습니다.	不懂。Bù dǒng.	뿌 동

기본회화

02 간단한 한 마디 2

Point 1 맞춤 표현

🔻 있습니까?
有吗? Yǒu ma?
여우 마

🔻 찬성입니까?
你同意吗? Nǐ tóngyì ma?
니 퉁이 마

🔻 아십니까?
知道吗? Zhīdao ma?
쯔다오 마

Point 2 유용하게 쓸 수 있는 표현

□ 있습니다.	有。Yǒu.	여우
□ 없습니다.	没有。Méi yǒu.	메이 여우
□ 필요합니까?	要吗? Yào ma?	야오 마
□ 필요합니다.	要。Yào.	야오
□ 필요 없습니다.	不要。Bú yào.	뿌 야오

28

- [ ] 찬성입니다.
  同意。Tóngyì.
  통이

- [ ] 찬성하지 않습니다.
  不同意。Bù tóngyì.
  뿌 통이

- [ ] 알고 있습니다.
  知道。Zhīdao.
  쯔다오

- [ ] 모르겠습니다.
  不知道。Bù zhīdao.
  뿌 쯔다오

- [ ] 화장실에 가고 싶습니다.
  想去厕所。Xiǎng qù cèsuǒ.
  샹 취 처쑤오

- [ ] 화장실은 어디입니까?
  洗手间在哪儿?Xǐshǒujiān zài nǎr?
  시쇼우지엔 짜이날

- [ ] 저기입니다.
  在那边。Zài nàbiān.
  짜이 나비엔

- [ ] 어찌 된 겁니까?
  你怎么了?Nǐ zěnme le?
  니 쩐머 러

- [ ] 괜찮습니까?
  你没事儿吧?Nǐ méishìr ba?
  니 메이셜 바

- [ ] 괜찮습니다.
  没事儿。Méishìr.
  메이셜

기본회화

03 간단한 한 마디 3

Point 1 맞춤 표현

🔺 피곤합니까?
累了吗? Lèile ma?
레이러 마

🔺 준비 되었습니까?
准备好了吗? Zhǔnbèi hǎo le ma?
준뻬이 하오 러 마

🔺 한국어를 할 수 있습니까?
你会讲韩国语吗? Nǐ huìjiǎng Hánguóyǔ ma?
니 후이쟝 한구어위 마

Point 2 유용하게 쓸 수 있는 표현

☐ 좀 피곤합니다.
有点儿累了。 Yǒu diǎnr lèile.
여우 디얼 레이러

☐ 피곤하지 않습니다.
不累。 Bú lèi.
뿌 레이

☐ 모두 모였습니까?
人都到齐了吗? Rén dōu dào qí le ma?
런 또우 따오 치 러 마

☐ 모두 모였습니다.
到齐了。 Dào qí le.
따오 치 러

☐ 준비 되었습니다.
准备好了。 Zhǔnbèi hǎo le.
준뻬이 하오 러

☐ 아직 입니다.	还没有。Hái méiyǒu. 하이 메이여우	
☐ 조금 할 수 있습니다.	会一点儿。Huì yìdiǎnr. 후이 이디얼	
☐ 전혀 못 합니다.	一点儿也不会。Yìdiǎnr yě bú huì. 이디얼 예 뿌 후이	
☐ 바쁘십니까?	忙吗？Máng ma? 망 마	
☐ 바쁘지 않아요. 당신은요?	不忙。你忙不忙？Bù máng. Nǐ máng bu máng? 뿌 망 니 망 뿌 망	
☐ 그저 그렇습니다.	马马虎虎。Mǎmǎhuhu. 마마후후	
☐ 먼저 하세요.	您先请。Nín xiān qǐng. 닌 시엔 칭	
☐ 잘 쉬셨습니까?	休息得好吗？Xiūxi de hǎo ma? 시우시 더 하오 마	
☐ 잘 잤습니다.	睡得可香了。Shuìde kě xiāng le. 수이 더 커 시앙 러	
☐ 날씨가 어떻습니까?	天气怎么样？Tiānqi zěnmeyàng? 티엔치 쩐머양	

기본회화

04 인사

◻ Point 1 맞춤 표현

🔼 안녕하세요?
你好。Nǐ hǎo.
니 하오

🔼 건강하세요?
你身体好吗?Nǐ shēntǐ hǎo ma?
니 션티 하오 마

🔼 또 만나요!
再见!Zàijiàn!
짜이지엔

Point 2 유용하게 쓸 수 있는 표현

☐ 안녕하세요?(아침 인사)
早上好。Zǎoshang hǎo.
자오 상 하오

☐ 안녕하세요?(오후 인사)
晚上好。Wǎnshang hǎo.
완 상 하오

☐ 안녕히 주무세요.
(밤에 헤어질 때의 인사)
晚安。Wǎn' ān.
완 안

☐ 어서 오세요.
您来了。Nín lái le.
닌 라이 러

☐ 아주 좋아요, 고마워요.
很好、谢谢。Hěn hǎo、xièxie.
헌 하오   씨에시에

☐ 오랜만입니다.	好久不见了。Hǎojiǔ bújiàn le.	하오지우 뿌지엔 러
☐ 요즘 어떻습니까?	最近怎么样?Zuìjìn zěnmeyàng?	쭈이진 쩐머양
☐ 여전합니다.	还是老样子。Háishì lǎoyàngzi.	하이쓰 라오양즈
☐ 안녕히 가세요.	再见!Zàijiàn!	짜이지엔
☐ 조심해서 가세요.	您慢走。Nín màn zǒu.	닌 만 조우
☐ 또 오세요.	以后常来。Yǐhòu cháng lái.	이허우 창 라이
☐ 가족분들에게 안부 전해 주세요.	请向你家属问好。Qǐng xiàng nǐ jiāshǔ wèn hǎo.	칭 시앙 니 지아수 우원 하오
☐ 다녀 오겠습니다.	我走了。Wǒ zǒu le.	워 조우 러
☐ 다녀 왔습니다.	我回来了。Wǒ huílái le.	워 후이라이 러
☐ 다녀 오셨어요.	你回来了。Nǐ huílái le.	니 후이라이 러

기본회화

05 소개

Point 1   맞춤 표현

▸ 성함이 어떻게 되시죠?
您贵姓？Nín guì xìng?
닌 꾸이 씽

▸ 제 성은 김이고 이름은 강호입니다.
我姓金，叫江昊。Wǒ xìng Jīn, jiào Jiānghào.
워 씽 찐   지아오 지앙하오

▸ 뵙게 되어 아주 기쁩니다.
见到您，很高兴。Jiàndào nín, hěn gāoxìng.
지엔 따오 닌   헌 까오씽

Point 2   유용하게 쓸 수 있는 표현

☐ 환영합니다.
欢迎 欢迎！Huānyíng huānyíng!
후안잉   후안잉

☐ 처음 뵙겠습니다.
잘 부탁하겠습니다.
初次见面，请多多关照。
Chūcì jiàn miàn, qǐng duōduo guānzhào.
추츠 지엔미엔   칭 뚜어뚜어 꾸안자오

☐ 이분은 이 선생님입니다.
这位是小李。Zhèwèi shì xiǎoLǐ.
쩌웨이 스 샤오리

☐ 제 성은 김입니다.
我姓金。Wǒ xìng Jīn.
워 씽 찐

- [ ] 어디에서 근무하고 있습니까?
  你在哪里工作? Nǐ zài nǎlǐ gōngzuò?
  니 짜이 나리 꽁주어

- [ ] 회사에 다니고 있습니다.
  我在公司工作。 Wǒ zài gōngsī gōngzuò.
  워 짜이 꽁쓰 꽁주어

- [ ] 당신은 무슨 일을 하고 있습니까?
  你做什么工作? Nǐ zuò shénme gōngzuò?
  니 쭈어 션머 꽁주어

- [ ] 저는 대학생입니다.
  我是大学生。 Wǒ shì dàxuéshēng.
  워 쓰 따슈에성

- [ ] 가족은 몇입니까?
  你家里有几口人? Nǐ jiāli yǒu jǐ kǒurén?
  니 지아 여우 지 커우런

- [ ] 넷 입니다.
  有四口人。 Yǒu sì kǒurén.
  여우 쓰 커우런

- [ ] 가족은 어떻게 됩니까?
  家里有什么人? Jiāli yǒu shénme rén?
  지아리 여우 션머 런

- [ ] 처와 아이가 둘 있습니다.
  有我爱人和两个孩子。
  Yǒu wǒ àirén hé liǎngge háizi.
  여우 워 아이런 허 량거 하이즈

기본회화

06 감사할 때, 사과할 때

Point 1 맞춤 표현

🔽 감사합니다.
谢谢。Xièxie.
씨에시에

🔽 미안합니다.
对不起。Duìbuqǐ.
뚜이부치

🔽 천만에요.
不用谢。Búyòngxiè.
뿌용시에

Point 2 유용하게 쓸 수 있는 표현

☐ 대단히 고마웠습니다.
谢谢您。Xièxie nín.
씨에시에 닌

☐ 대단히 감사합니다.
非常谢谢。Fēicháng xièxie.
페이창 씨에시에

☐ 당신의 호의에 감사드립니다.
谢谢你的好意。Xièxie nǐde hǎoyì.
씨에시에 니더 하오이

☐ 수고하셨습니다.
辛苦了。Xīnkǔ le.
씬쿠 러

☐ 정말 미안합니다.
真对不起。Zhēn duìbuqǐ.
쩐 뚜이부치

| 미안합니다, 늦었습니다. | 对不起，我来晚了。 Duìbuqǐ, wǒ lái wǎn le. 뚜이부치 워 라이 완 러 |

| 어제는 대단히 실례했습니다. | 昨天太打搅了。Zuótiān tài dǎjiǎo le. 쭈어티엔 타이다 지아오 러 |

| 지난번에 큰 폐를 끼쳤습니다. | 上次太麻烦你了。Shàngcì tài máfan nǐ le. 샹츠 타이 마판 니 러 |

| 항상 폐를 끼쳐서 정말 죄송합니다. | 常常麻烦你，真对不起。 Chángcháng máfan nǐ, zhēn duìbuqǐ. 창창 마판 니　쩐 뚜이 부치 |

| 용서해 주세요. | 请您原谅。Qǐng nín yuánliàng. 칭 닌 위엔리양 |

| 별말씀을요. 너무 겸손하시네요. | 哪里，你太客气了。Nǎli, nǐ tài kèqi le. 나리　니 타이 커치 러 |

| 이건 저의 작은 성의입니다. | 这是我的一点儿心意。 Zhè shì wǒ de yìdiǎnr xīnyì. 쩌 스 워 더 이디얼 신이 |

| 괜찮습니다. | 没关系。Méi guānxi. 메이 꽌시 |

| 사양하지 마세요. | 不要客气！Búyào kèqi! 뿌야오 커치 |

기본회화

07 축하할 때, 기원할 때

Point 1 맞춤 표현

🎯 **축하합니다.**
祝贺你!Zhùhè nǐ!
쭈 허 니

🎯 **성공을 기원합니다.**
祝你成功。Zhù nǐ chénggōng.
쭈 니 청꽁

🎯 **생일 축하합니다.**
祝你生日快乐。Zhù nǐ shēngrì kuàilè.
쭈 니 셩르 콰이러

Point 2 유용하게 쓸 수 있는 표현

- [ ] 건강을 기원합니다. 祝你身体健康。Zhù nǐ shēntǐ jiànkāng.
  쭈 니 션티 지엔캉

- [ ] 새해 복 많이 받으세요! 新年好!Xīnnián hǎo!
  신니엔 하오

- [ ] 좋은 한 해를 보내시길 빕니다. 祝你新年快乐。Zhù nǐ xīnnián kuàilè.
  쭈 니 신니엔 콰이러

- [ ] 하시는 일이 잘 되기를 빕니다. 祝你工作顺利。Zhù nǐ gōngzuò shùnlì.
  쭈 니 꽁쭈어 슌리

- [ ] 행복하시기를 빕니다!. 祝你幸福。Zhù nǐ xìngfú.
  쭈 니 씽푸

- 당신 가족의 행복을 빕니다. 祝你全家幸福。Zhù nǐ quánjiā xìngfú.
  쭈 니 첸지아 씽푸

- 축하해요! 恭喜 恭喜!Gōngxǐ gōngxǐ!
  꽁시   꽁시

- 결혼 축하합니다. 恭喜你结婚!Gōngxǐ nǐ jiéhūn!
  꽁시 니 지에훈

- 졸업 축하합니다. 祝贺你毕业!Zhùhè nǐ bìyè!
  쭈허 니 삐예

- 입학 축하합니다. 祝贺你入学!Zhùhè nǐ rùxué!
  쭈허 니 루슈에

- 사업이 잘 되기를 빕니다. 恭喜发财。Gōngxǐ fācái.
  꽁시 파차이

39

기본회화

08 부탁할 때

Point 1 맞춤 표현

🔰 여기에 써 주시겠습니까?

请写在这儿, 好吗? Qǐng xiě zài zhèr, hǎo ma?

칭 시에 짜이 쩔   하오 마

🔰 셔터를 좀 눌러 주시겠습니까?(사진을 찍어달랄 때)

劳驾, 替我按一下快门儿, 好吗?
Lǎojià, tì wǒ àn yíxià kuàiménr,   hǎo ma?
나오지아 티 워 안 이시아 콰이먼   하오마

🔰 실례지만, 이 글자를 어떻게 읽습니까?

请教一下, 这个字怎么念? Qǐngjiào yíxià, zhège zì zěnme niàn?

칭지아오 이시아 쩌거 쯔 전머 니엔

Point 2 유용하게 쓸 수 있는 표현

☐ 우산을 빌려 주시겠습니까?

借我一把雨伞, 行吗?
Jiè wǒ yìbǎ yǔsǎn, xíng ma?
지에 워 이바 위산   씽 마

☐ 사진을 찍어도 되겠습니까?

可以照相吗? Kěyǐ zhào xiàng ma?
커이 짜오 시앙 마

☐ 담배를 피워도 되겠습니까?

可以吸烟吗? Kěyǐ xī yān ma?
커이 시 옌 마

☐ 사용법을 가르쳐 주시겠습니까?

能教我用法吗? Néng jiāo wǒ yòngfǎ ma?
넝 지아오 워 용파 마

- [ ] 함께 갈까요? 一起去吧？Yīqǐ qùba?
  이치 취바

- [ ] 그럼 부탁하겠습니다. 那就拜托了。Nàjiù bàituō le.
  나지우 바이투어 러

- [ ] 나중에 다시 이야기합시다. 以后再说吧。Yǐhòu zàishuō ba.
  이허우 짜이슈오 바

- [ ] 도와 드릴까요? 我来帮忙？Wǒ lái bāng máng?
  워 라이 빵 망

- [ ] 제가 하겠습니다. 我自己做。Wǒ zìjǐ zuò.
  워 쯔지 쭈어

- [ ] 그것을 집어 주시겠습니까? 请把那个东西拿来，好吗？Qǐng bǎ nàge dōngxi nálái, hǎo ma?
  칭 바 나거 뚱씨 나라이   하오 마

- [ ] 잠깐만 기다려 주세요. 请等一下。Qǐng děng yíxià.
  칭 덩 이샤

- [ ] 다시 말씀해 주세요. 请再说一遍。Qǐng zài shuō yíbiàn.
  칭 짜이 슈오 이비엔

- [ ] 천천히 말해 주세요. 请说慢一点儿。Qǐng shuō màn yìdiǎnr.
  칭 슈오 만 이디얼

기본회화

09 때와 시간 1

Point 1 맞춤 표현

▼ 오늘은 몇 월 며칠입니까?
今天几月几号? Jīntiān jǐyuè jǐhào?
진티엔 지위에 지하오

▼ 오늘은 무슨 요일입니까?
今天星期几? Jīntiān xīngqījǐ?
진티엔 싱치지

▼ 지금 몇 시입니까?
现在几点? Xiànzài jǐdiǎn?
씨엔짜이 지디엔

Point 2 응용하게 쓸 수 있는 표현

☐ 오늘은 3월 13일입니다.
今天3月13号。 Jīntiān sānyuè shísānhào.
진티엔 싼위에 스싼하오

☐ 오늘은 금요일입니다.
今天星期五。 Jīntiān xīngqīwǔ.
진티엔 씽치우

☐ 지금 9시 5분전입니다.
现在差五分九点。 Xiànzài chà wǔfēn jiǔdiǎn.
씨엔짜이 차 우펀 지우 디엔

☐ 시간 있습니까?
有时间吗? Yǒu shíjiān ma?
여우 스지엔 마

☐ 시간이 없습니다.
没有时间。 Méiyǒu shíjiān.
메이여우 스지엔

☐	얼마나 걸립니까?	要多长时间?Yào duōcháng shíjiān? 야오 뚜어창 스지엔
☐	2주일 쯤 걸립니다.	大约需要两周。Dàyuē xūyào liǎng zhōu. 따위에 쉬야오 리양 쩌우
☐	얼마나 기다렸어요?	等了多长时间?Děng le duōcháng shíjiān? 덩 러 뚜어창 스지엔
☐	그녀를 1시간 기다렸습니다.	等了她一个小时。Děng le tā yíge xiǎoshí. 덩 러 타 이거 샤오스
☐	얼마나 체재할 겁니까?	停留多久?Tíngliú duōjiǔ? 팅리우 뚜어지우
☐	3일간입니다.	三天。Sān tiān. 싼 티엔
☐	중국에 오신 지 얼마나 되었습니까?	你来中国几年了?Nǐ lái Zhōngguó jǐ nián le? 니 라이 쭝구어 지 니엔 러
☐	3년 정도입니다.	差不多三年了。Chàbuduō sān nián le. 차부뚜어 싼 니엔 러
☐	그녀의 생일은 9월 10일입니다.	她的生日是9月10号。 Tā de shēngrì shì jiǔyuè shíhào. 타 더 셩르 스 지우 위에 스 하오
☐	그는 무슨 요일에 옵니까?	他星期几来?Tā xīngqījǐ lái? 타 싱치지 라이
☐	오늘밤 친구 집에 갈 겁니다.	今晚去朋友家。Jīnwǎn qù péngyou jiā. 진완 취 펑여우 지아

기본회화

1과 때와 시간 2

Point 1 맞춤 표현

당신은 언제 출발합니까?
你哪天走? Nǐ nǎtiān zǒu?
니 나티엔 저우

당신은 언제 베이징에 갑니까?
你什么时候去北京? Nǐ shénme shíhou qù Běijīng?
니 선머 스호우 취 베이징

다음 달 10일 경입니다.
这个月10号左右。Zhègeyuè shí hào zuǒyòu.
쩌거 위에 스 하오 주오여우

Point 2 유용하게 쓸 수 있는 표현

□ 모레 시간이 있습니까?
后天有时间吗? Hòutiān yǒu shíjiān ma?
허우티엔 여우 스지엔 마

□ 내일 호텔 로비에서 만나요.
明天在饭店大厅碰头吧。
Míngtiān zài fàndiàn dàtīng pèngtóu ba.
밍티엔 짜이 판디엔 따팅 펑터우 바

□ 미안합니다, 늦었어요.
对不起, 我来晚了。Duìbuqǐ, wǒ lái wǎn le.
뚜이부치   워 라이 완 러

□ 이번 일요일은 쉬십니까?
这个星期天你休息吗?
Zhège xīngqītiān nǐ xiūxi ma?
쩌거 씽치티엔 니 시우시 마

☐	다음 주 월요일에 만나요.	下星期一见。Xià xīngqīyī jiàn. 시아 싱치이 지엔
☐	다음달 중순 고향으로 돌아갈 예정입니다.	下个月中旬打算回老家。 Xiàgeyuè zhōngxún dǎsuàn huí lǎojiā. 시아거 위에 쭝쉰 다수안 후이 라오 지아
☐	몇 시가 좋겠습니까?	几点方便?Jǐdiǎn fāngbiàn? 지디엔 팡비엔
☐	업무는 몇 시부터입니까?	几点上班?Jǐdiǎn shàngbān? 지디엔 상반
☐	몇 시까지입니까?	到几点?Dào jǐdiǎn? 따오 지 디엔
☐	매일 아침 몇 시에 일어나십니까?	每天早上几点起床? Měitiān zǎoshang jǐdǎn qǐ chuáng? 메이티엔 자오샹 지디엔 치 추앙
☐	벌써 10시에요.	现在有十点了吧。Xiànzài yǒu shídiǎn le ba. 시엔짜이 여우 스디엔 러 바
☐	8시가 지났을 뿐입니다.	刚八点多。Gāng bādiǎn duō. 깡 빠디엔 뚜어
☐	아직 일러요.	还早呢。Hái zǎo ne. 하이 자오 너
☐	아침 식사시간은 7시부터 8시까지입니다.	早饭从七点到八点。 Zǎofàn cóng qīdiǎn dào bādiǎn. 자오판 총 치디엔 따오 빠디엔

기본회화

11 감정을 표현할 때

■ Point 1 맞춤 표현

■ 정말 잘 했어요.
好极了。Hǎo jí le.
하오 지 러

■ 매우 기쁩니다.
非常高兴。Fēicháng gāoxìng.
페이창 까오씽

■ 안됐군요.
好可怜。Hǎo kělián.
하오 커랜

Point 2 유용하게 쓸 수 있는 표현

☐ 정말 훌륭했어요.   **精彩极了。**Jīngcǎi jí le.
징차이 지 러

☐ 멋져요!   **真棒!** Zhēnbàng!
쩐빵

☐ 좋지요!   **好的!** Hǎo de!
하오 더

☐ 유감입니다.   **遗憾。**Yíhàn.
이한

☐ 매우 기분이 나쁩니다.   **非常不愉快。**Fēicháng bù yúkuài.
페이창 뿌 위콰이

☐ 아, 괴롭다.	为难。Wéinán.	
	웨이난	

☐ 아주 지루합니다. 太无聊了。Tài wúliáo le.
　　　　　　　　타이 우리아오 러

☐ 정말 지겹군요!. 真讨厌。Zhēn tǎoyàn.
　　　　　　　　쩐 타오옌

☐ 적적합니다. 寂寞。Jìmò.
　　　　　　　지머

☐ 당신은 중국어를 정말 你的中文讲得真好。
잘 하는군요. Nǐ de zhōngwén jiǎng de zhēn hǎo.
니 떠 쭝원 쟝 더 쩐 하오

☐ 천만에요, 과찬의 말 哪里, 你过奖了。Nǎli, nǐ guòjiǎng le.
씀입니다. 　　나리　　 니 꾸어지앙 러

☐ 앵콜! 再来一个!Zài lái yíge!
　　　 짜이 라이 이꺼

☐ 좀 조용히! 安静一点儿!ānjìng yìdiǎnr!
　　　　　　안징 이디얼

☐ 놀리지 말아요! 别开玩笑!Bié kāi wánxiào!
　　　　　　　비에 카이 완시아오

유용하게 쓸 수 있는 단어

친척과 인물

☐ 先生 xiānseng	시엔성	~선생님(남성에게)
☐ 夫人 fūren	푸런	~부인(기혼 여성에게)
☐ 小姐 xiǎojie	시아오지에	~아가씨(미혼 여성에게)
☐ 父(母)亲 fù(mǔ)qin	푸(무)친	아버지(어머니)
☐ 儿子 érzi	얼즈	아들
☐ 女儿 nǚér	뉘얼	딸
☐ 兄弟 xiōngdì	씨옹디	형제
☐ 姐妹 jiěmèi	지에메이	자매
☐ 姐姐 jiějie	지에제	누나, 언니
☐ 妹妹 mèimei	메이메이	여동생
☐ 哥哥 gēge	꺼거	형, 오빠
☐ 弟弟 dìdi	띠디	남동생
☐ 丈夫 zhàngfu	짱푸	남편
☐ 妻子 qīzi	치즈	아내
☐ 孩子 háizi	하이즈	아이들
☐ 年轻人 niánqīngrén	니엔칭런	젊은이
☐ 老人 lǎorén	라오런	노인
☐ 朋友 péngyou	펑여우	친구

때와 시간

☐ 早上 zǎoshang	자오샹	아침
☐ 白天 báitian	바이티엔	점심
☐ 晚上 wǎnshang	완샹	밤
☐ 上午 shàngwǔ	상우	오전

유용하게 쓸 수 있는 단어

☐ 中午 zhōngwǔ	쯍우	낮
☐ 下午 xiàwǔ	시아우	오후
☐ 前天 qiántiān	치엔티엔	그저께
☐ 昨天 zuótiān	쭈오티엔	어제
☐ 今天 jīntiān	진티엔	오늘
☐ 明天 míngtiān	밍티엔	내일
☐ 后天 hòutiān	호우티엔	모레
☐ 每天 měitiān	메이티엔	매일
☐ 天 tiān	티엔	일
☐ 号 hào	하오	일(날짜)
☐ 上星期 shàngxīngqi	샹싱치	지난 주
☐ 这个星期 zhègexīngqi	쩌거싱치	이번 주
☐ 下星期 xiàxīngqi	시아싱치	다음 주
☐ 上个月 shànggeyuè	샹거위에	지난 달
☐ 这个月 zhègeyuè	쩌거위에	이번 달
☐ 下个月 xiàgeyuè	시아거위에	다음 달
☐ 每个月 měigeyuè	메이거위에	매월
☐ 一个月 yígeyuè	이거위에	1개월
☐ 去年 qùnián	취니엔	작년
☐ 今年 jīnnián	진니엔	금년
☐ 明年 míngnián	밍니엔	내년
☐ 每年 měinián	메이니엔	매년

유용하게 쓸 수 있는 단어

계절, 월 이름과 요일

春天 chūntiān	춘티엔	봄
夏天 xiàtiān	시아티엔	여름
秋天 qiūtiān	치우티엔	가을
冬天 dōngtiān	똥티엔	겨울
1月 yīyuè	이위에	1월
2月 èryuè	얼위에	2월
3月 sānyuè	싼위에	3월
4月 sìyuè	쓰위에	4월
5月 wǔyuè	우위에	5월
6月 liùyuè	리우위에	6월
7月 qīyuè	치위에	7월
8月 bāyuè	빠위에	8월
9月 jiǔyuè	지우위에	9월
10月 shíyuè	스위에	10월
11月 shíyīyuè	스이위에	11월
12月 shíèryuè	스얼위에	12월
星期日(天) xīngqīrì(tiān)	싱치르(싱치티엔)	일요일
星期一 xīngqīyī	싱치이	월요일
星期二 xīngqīèr	싱치얼	화요일
星期三 xīngqīsān	싱치싼	수요일
星期四 xīngqīsì	싱치쓰	목요일
星期五 xīngqīwǔ	싱치우	금요일
星期六 xīngqīliù	싱치리우	토요일

출발/도착

초간단 필수 표현과 여행정보
1. 탑승, 기내
2. 기내 서비스, 면세 쇼핑
3. 기내에서의 문제
4. 입국심사
5. 수하물 찾기
6. 세관심사
7. 환전
8. 공항에서 호텔로
유용하게 쓸 수 있는 단어

초간단 필수 표현과 여행정보

● 저는 ~입니다.

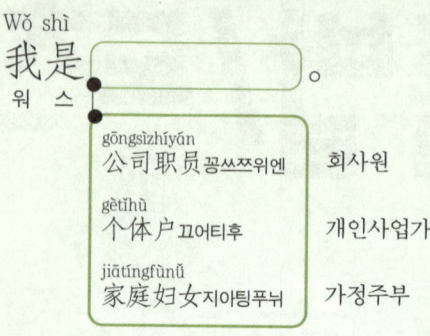

Wǒ shì
我是 _____ 。
워 스

gōngsīzhíyuán
公司职员 꽁쓰쯔위엔 — 회사원

gètǐhù
个体户 꺼티후 — 개인사업가

jiātíngfùnǚ
家庭妇女 지아팅푸뉴 — 가정주부

관련표현
- 직업은 무엇입니까?
做什么工作? Zuò shénme gōngzuò?
쭈어 션머 꽁주어

입국순서도

到达
dàodá 따오다

1. 도착

기내에서 승무원이 나눠주는 入境登记卡루징 뜨엉지카(입국신고서)를 비행기 안에서 미리 작성합니다. 미리 써 놓으면 입국수속을 편리하고 신속하게 할 수 있습니다.
入境登记卡루징 뜨엉지카 : 작성내용은 여권에 기재된 내용과 같아야 하며, 동반인 모두 작성

检疫
jiǎnyì 지엔이

2. 검역

健康申明卡지엔캉 션밍카(건강신고서)가 있으면 제출합니다.

边防检查
biānfángjiǎnchá 비엔팡 지엔차

3. 입국심사

입국심사대 앞에 도착한 사람은 대기선에서 기다리다가 자신의 순서가 되면 준비한 护照후자오(여권)과 入境登记卡루징 뜨엉지카(입국신고서)를 심사관에게 제출하면 비자에 스템프를 찍어 줍니다.

~은 어디 있습니까?

[ ] zài nǎli
在哪里?
짜이 나리

- xínglilǐngqǔchù
  行李领取处 씽리링취추 — 수하물 찾는 곳
- diànhuà
  电话 띠엔후아 — 전화
- wènxùnchù
  问讯处 원쉰추 — 안내소

行李领取处
xínglilǐngqǔchù 씽리 링취추

4. 수하물 찾기
타고 온 비행기 편명이 쓰여진 수하물 수취대에서 자신의 수하물을 찾아 세관검사장으로 갑니다. 베이징이나 상하이에서는 **手推车** 쇼우투이쳐(카트) 사용이 유료이므로 카운터에서 대금을 지불해야 합니다.

海关
hǎiguān 하이꾸안

5. 세관검사
세관 신고물품이 있을 때는 수하물을 찾아 세관 신고 지역으로 이동하여 세관심사대로 갑니다.

兑换处
duìhuànchù 뚜이후안추

6. 환전
중국 내에서의 환전은 공항에 있는 중국은행출장소나 중국은행 각 지점에서 가능합니다.
중국은행의 영업시간은 오전 9시30분부터 12시까지, 오후 2시부터 4시까지이고 토요일은 대부분 쉴 때가 많고 일요일이나 경축일은 휴무입니다.

출발/도착

01 탑승, 기내

Point 1 맞춤 표현

🡒 대한항공 카운터는 어디입니까?
大韩航空的柜台在哪儿? Dàhán hángkōng de guìtái zài nǎr?

따한 항콩 더 꾸이타이 짜이 날

🡒 제 자리는 어디입니까?
我的座位在哪儿? Wǒ de zuòwèi zài nǎr?

워 더 쭈어웨이 짜이 날

🡒 짐을 여기에 두어도 되겠습니까?
我把东西放在这儿可以吗? Wǒ bǎ dōngxi fàng zài zhèr kěyǐ ma?

워 바 똥시 팡 짜이 쩔 커이 마

Point 2 유용하게 쓸 수 있는 표현

☐ 실례합니다.
劳驾。 Láojià.

라오지아

☐ 몇 시 비행기입니까?
几点的飞机? Jǐdiǎn de fēijī?

지디엔 더 페이지

☐ 어느 편에 탈 겁니까?
乘哪个班机? Chéng nǎge bānjī?

청 나거 빤지

- 727편은 몇 분 지연됩니까?

  727班机晚几分？Qīerqī bānjī wǎn jǐfēn?

  치얼치 빤지 완 지펀

- 탑승권을 보여 주세요.

  请看一下您的登机牌。Qǐng kàn yíxià nín de dēngjīpái.

  칭 칸이샤 닌 더 떵지파이

- 57A자리는 어디입니까?

  57号A座位在哪儿？Wǔshíqī hào A zuòwèi zài nǎr?

  우스치 하오 에이 쭈오웨이 짜이날

- 안전벨트를 매 주세요.

  请您系好安全带。Qǐng nín jì hǎo ānquándài.

  칭 닌 지하오 안취엔따이

- 실례지만 잠깐 지나가겠습니다.

  对不起，请让我过一下。Duìbuqǐ, qǐng ràng wǒ guò yíxià.

  뚜이부치   칭 랑 워 꾸오 이샤

- 의자를 뒤로 좀 젖혀도 되겠습니까?

  椅子可以往后仰吗？Yǐzi kěyǐ wànghòu yǎng ma?

  이즈 커이 왕호우 양 마

- 담배를 피워도 되겠습니까?

  可以吸烟吗？Kěyǐ xīyān ma?

  커이 씨옌 마

- 화장실은 어디입니까?

  洗手间在哪儿？Xǐshǒujiān zài nǎr?

  시쇼우지엔 짜이 날

출발/도착

02 기내 서비스, 면세 쇼핑

Point 1   맞춤 표현

🔸 커피 드시겠습니까?
你要咖啡吗?Nǐ yào kāfēi ma?
니 야오 카페이 마

🔸 주세요.
我要。Wǒ yào.
워 야오

🔸 어떤 음료가 있습니까?
有些什么饮料?Yǒu xiē shénme yǐnliào?
여우 씨에 션머 인리아오

Point 2   유용하게 쓸 수 있는 표현

☐ 필요한 게 있습니까?
你要什么?Nǐ yào shénme?
니 야오 션머

☐ 담요가 필요합니다.
我要毛毯。Wǒ yào máotǎn.
워 야오 마오탄

☐ 차와 커피 중에 무엇을 드시겠습니까?
茶、和咖啡您要什么?Chá, hé kāfēi nín yào shénme?
차 허 카페이 닌 야오 션머

□ 필요 없습니다.
我不要。Wǒ bú yào.

워 뿌 야오

□ 커피 한 잔 주세요.
请给我一杯咖啡。

칭 게이 워 이뻬이 카페이

□ 닭고기를 드시겠습니까, 아니면 쇠고기를 드시겠습니까?
你要鸡肉还是牛肉?Nǐ yào jīròu háishi niúròu?

니 야오 지러우 하이스 니우러우

□ 닭고기를 주세요.
我要鸡肉的。Nǐ yào jīròu de.

워 야오 지러우 더

□ 한국신문 없습니까?
有没有韩国报纸?Yǒu méiyou Hánguó bàozhǐ?

여우 메이여우 한구어 빠오즈

□ 술을 두 병 사고 싶습니다.
我想买两瓶酒。Wǒ xiǎng mǎi liǎng píng jiǔ.

워 시앙 마이 리앙 핑 지우

□ 면세품 목록을 보여 주세요.
给我看一下免税品指南。Gěi wǒ kànyíxià miǎnshuìpǐn zhǐnán.

게이 워 칸이샤 미엔수이핀 쯔난

□ 이것은 얼마입니까?
这个多少钱?Zhè ge duōshao qián?

쩌 거 뚜어샤오 치엔

출발/도착

03 기내에서의 문제

Point 1 맞춤 표현

> 머리가 좀 아픕니다.
> 我有点儿头疼。Wǒ yǒudiǎnr tóuténg.
>
> 워 여우디얼 터우텅
>
> 멀미가 납니다.
> 我有点儿晕机。Wǒ yǒudiǎnr yùnjī.
>
> 워 여우디얼 윈지
>
> 멀미봉지 좀 주세요.
> 请给我清洁袋。Qǐng gěi wǒ qīngjiédài.
>
> 칭 게이 워 칭지에따이

Point 2 유용하게 쓸 수 있는 표현

☐ 좀 춥습니다.
我觉得有点儿冷。Wǒ juéde yǒudiǎnr lěng.

워 쥬에더 여우디얼 렁

☐ 기내 온도를 좀 올려 주세요.
请把机内温度调高一点。Qǐng bǎ jīnèi wēndù tiáo gāo yìdiǎn.

칭 바 지네이 원두 티아오 까오 이디얼

☐ 담요 한 장 주세요.
请给我一床毛毯。Qǐng gěi wǒ yìchuáng máotǎn.

칭 게이 워 이추앙 마오탄

- 불이 켜지지 않아요

  灯不亮。Dēng bú liàng.

  떵 뿌 리앙

- 몸이 좀 안 좋습니다.

  我不舒服。Wǒ bù shūfu.

  워 뿌 수푸

- 미안하지만, 멀미약 있습니까?

  请问, 有解晕的药吗?Qǐngwèn, yǒu jiěyūn de yào ma?

  칭원   여우 지에윈 더 야오 마

- 배가 몹시 아파요.

  我肚子疼得要命。Wǒ dùzi téng de yàomìng.

  워 뚜즈 텅 더 야오밍

- 토할 것 같아요.

  老想吐。Lǎo xiǎng tù.

  라오 시앙 투

- 미안하지만, 감기약 있습니까?

  请问, 有感冒药吗?Qǐngwèn, yǒu gǎnmàoyào ma?

  칭원   여우 간마오야오 마

- 한국어를 할 수 있는 분이 있습니까?

  有会说韩语的人吗?Yǒu huì shuō Hányǔ de rén ma?

  여우 후이 슈오 한위 더 런 마

출발/도착

04 입국심사

Point 1 맞춤 표현

↗ 입국 목적은 무엇입니까?
入境目的是什么?
Rùjìngmùdì shì shénme?
루징무디 스 션머

↗ 관광입니다.
来旅游。
Lái lǚyóu.
라이 뤼여우

↗ 베이징에서는 며칠 체재하실 예정입니까?
在北京逗留几天?
Zài Běijīng dòuliú jǐ tiān?
짜이 베이징 또우리우 지 티엔

▲입국신고서 入境登记卡 루징 뜨엥지카

Point 2 유용하게 쓸 수 있는 표현

☐ 입국카드를 작성해 주세요.

请填入境卡。 Qǐng tián rùjìngkǎ.

칭 티엔 루징카

☐ 여기에는 무엇을 써야 합니까?

这里要写什么? Zhèlǐ yào xiě shénme?

쩌리 야오 시에 션머

☐ 여권과 항공권을 보여 주세요.

请让我看一下你的护照和机票。
Qǐng ràng wǒ kàn yíxià nǐ de hùzhào hé jīpiào.

칭 랑 워 칸 이샤니 더 후쟈오 허 지피아오

□ 여행목적은 무엇입니까?
旅行目的是什么？Lǚxíng mùdì shì shénme?

뤼싱 무디 스 션머

□ 개인(단체)여행입니다.
是个人(团体)旅行。Shì gèrén(tuántǐ) lǚxíng.

스 꺼런(투안티) 뤼싱

□ 저는 한국에서 왔습니다.
我是从韩国来的。Wǒ shì cóng Hánguó lái de.

워 스 총 한구어 라이 더

□ 어디에서 체제하실 겁니까?
您要住哪儿？Nín yào zhù nǎr?

닌 야오 쭈 날

□ 베이징 호텔입니다.
我住北京饭店。Wǒ zhù Běijīng fàndiàn.

워 쭈 베이징 판디엔

□ 1주일 정도입니다.
大约一个星期。Dàyuē yíge xīngqī.

따위에 이거 씽치

□ 미안합니다. 당신 말을 알아 듣지 못하겠어요.
对不起。听不懂您的话。Duìbuqǐ. Tīngbudǒng nín de huà.

뚜이부치   팅부동 닌 더 후아

□ 한자로 써 주세요.
请给我写汉字吧。Qǐng gěi wǒ xiě Hànzì ba.

칭 게이 워 시에 한쯔 바

출발/도착

05 수하물 찾기

Point 1 맞춤 표현

🔺 **수하물을 어디서 찾습니까?**
在哪儿取行李? Zài nǎr qǔ xíngli?
짜이 날 취 씽리

🔺 **제 수하물이 보이지 않습니다.**
我的行李找不到了。Wǒ de xíngli zhǎobudào le.
워 더 씽리 쟈오부따오 러

🔺 **이것이 제 수하물 수취증입니다.**
这是我的行李牌。Zhè shì wǒ de xínglipái.
쪄 스 워 더 씽리파이

 Point 2 유용하게 쓸 수 있는 표현

☐ 아시아나항공 757편 수하물은 어디서 찾습니까?
韩亚航空757航班的行李在哪儿取?
Hányàhángkōng qīwǔqī hángbān de xíngli zài nǎr qǔ?
한야항콩 치우치 항빤 더 씽리 짜이날 취

☐ 무슨 색깔의 가방입니까?
什么颜色的手提箱? Shénme yánsè de shǒutíxiāng?
션머 옌써 더 쇼우티시앙

☐ 제 가방은 갈색입니다.
我的手提箱是茶色的。Wǒ de shǒutíxiāng shì chásè de.
워 더 쇼우티시앙 스 차써 더

□ 어떻게 되었습니까? 찾았습니까?

怎么样? 找到了吗? Zěnmeyàng? Zhǎo dào le ma?

쩐머양　　　쟈오 따오 러 마

□ 짐은 몇 개입니까?

您有几件行李? Nín yǒu jǐ jiàn xíngli?

닌 여우 지 지엔 씽리

□ 짐을 찾으면 연락해 주시겠습니까?

找到行李后通知我一下好吗?
Zhǎo dào xíngli hòu tōngzhī wǒ yīxià hǎo ma?

쟈오 따오 씽리 허우 통즈 워 이샤 하오 마

□ 이것이 제 베이징 연락처입니다.

这是我在北京的联系地址。
Zhè shì wǒ zài Běijīng de liánxì dìzhǐ.

쩌 스 워 짜이 베이징 더 리엔 시 띠 쯔

□ 짐은 베이징 호텔로 보내 주세요.

请把行李送到北京饭店。
Qǐng bǎ xíngli sòngdào Běijīng fàndiàn.

칭 바 씽리 쏭따오 베이징 판디엔

출발/도착

06 세관심사

Point 1 맞춤 표현

🡥 신고할 것은 없습니다.
没有申报的东西。 Méiyǒu shēnbào de dōngxi.
메이여우 션빠오 더 똥시

🡥 제 개인용품입니다.
是一些随身物品。 Shì yìxiē shuí shēnwùpǐn.
스 이시에 수이 션우핀

🡥 이것은 친구에게 줄 선물입니다.
这是送朋友的礼品。 Zhè shì sòng péngyou de lǐpǐn.
쩌 스 쏭 펑여우 더 리핀

Point 2 유용하게 쓸 수 있는 표현

☐ 세관신고서는 가지고 있습니까?
你有海关申报表吗? Nǐ yǒu hǎiguān shēnbàobiǎo ma?
니 여우 하이꾸안 션빠오비아오 마

☐ 신고할 물건이 있습니까?
有要申报的东西吗? Yǒu yào shēnbào de dōngxi ma?
여우 야오 션빠오 더 똥시 마

☐ 술이나 담배를 갖고 있습니까?
您携带了酒和香烟吗? Nín xiédài le jiǔ hé xiāngyān ma?
닌 시에따이 러 지우 허 시앙옌 마

64

□ 없습니다.
没有。Méiyǒu.

메이여우

□ 가방을 열어 보여 주세요.
请打开行李看看。Qǐng dǎkāi xíngli kànkan.

칭 다카이 씽리 칸칸

□ 이것은 무엇입니까?
这是什么?Zhè shì shénme?

쩌 스 션머

□ 제가 먹는 약입니다.
是我吃的药。Shì wǒ chī de yào.

스 워 츠 더 야오

□ 이 카메라도 갖고 돌아가실 겁니까?
这个照像机还带回去吗?Zhège zhàoxiàngjī hái dài huíqù ma?

쩌거 짜오시앙지 하이 따이 후이취 마

□ 검사가 끝났습니다.
检查完了。Jiǎnchá wán le.

지엔차 완 러

출발/도착

07 환전

Point 1　맞춤 표현

🡥 인민폐로 환전해 주세요.
请兑换人民币。Qǐng duìhuàn rénmínbì.

칭 뚜이 환 런민삐

🡥 오늘 한화 환율은 얼마입니까?
今天韩币的牌价是多少? Jīntiān hánbì de páijià shì duōshǎo?

진티엔 한삐 더 파이지아 스 뚜어샤오

🡥 잔돈을 좀 섞어 주세요.
请加一些零钱。Qǐng jiā yìxiē língqián.

칭 지아 이시에 링치엔

Point 2　유용하게 쓸 수 있는 표현

☐ 말 좀 묻겠습니다, 환전소가 어디 있습니까?
请问, 兑换处在哪里? Qǐngwèn, duìhuànchù zài nǎli?

칭원　　뚜이환추 짜이 나리

☐ 환전은 어디서 합니까?
在哪儿换钱? Zài nǎr huàn qián?

짜이 날 환 치엔

☐ 은행은 어디 있습니까?
银行在哪儿? Yínháng zài nǎr?

인항 짜이 날

□ 돈을 바꾸고 싶습니다.

我想换钱。Wǒ xiǎng huàn qián.

워 샹 환 치엔

□ 실례지만 환전을 부탁하겠습니다.

麻烦你，给我换一下钱。Máfan nǐ, gěi wǒ huàn yíxià qián.

마판 니　　　게이 워 환 이샤 치엔

□ 1위엔짜리 지폐로 주십시오.

请换成一元的。Qǐng huànchéng yìyuán de.

칭 환청 이위엔 더

□ 동전으로 주십시오.

请换成硬币。Qǐng huànchéng yìngbì.

칭 환청 잉삐

중국의 화폐

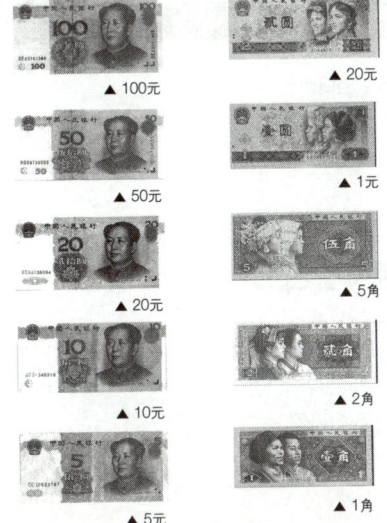

▲ 100元
▲ 50元
▲ 20元
▲ 10元
▲ 5元
▲ 20元
▲ 1元
▲ 5角
▲ 2角
▲ 1角

▲ 동전은 1元, 5角, 1角, 5分, 2分, 1分 6종류가 있습니다.

출발/도착

공항에서 호텔로

Point 1　맞춤 표현

➔ 여행안내소는 어디 있습니까?
　旅行问讯处在哪儿?Lǚxíng wènxùnchù zài nǎr?

뤼싱 원쉰추 짜이 날

➔ 택시 타는 곳은 어디 입니까?
　出租汽车站在哪儿?Chūzūqìchē zhàn zài nǎr?

추주치처 짠 짜이 날

➔ 베이징 호텔까지 얼마입니까?
　到北京饭店多少钱?Dào Běijīng fàndiàn duōshǎo qián?

따오 베이징 판디엔 뚜어샤오 치엔

Point 2　유용하게 쓸 수 있는 표현

☐ 시내전화는 어디서 걸 수 있습니까?
　市内电话在哪儿打?Shìnèi diànhuà zài nǎr dǎ?

쓰네이 띠엔후아 짜이 날 다

☐ 미안하지만 공중전화를 어떻게 겁니까?
　请问, 公用电话怎么打?Qǐngwèn, gōngyòng diànhuà zěnme dǎ?

칭원　　　꽁용 띠엔후아 쩐머 다

☐ 시내지도 한 장 주세요.
　请给我一份市区地图。Qǐng gěi wǒ yífèn shìqū dìtú.

칭 게이 워 이펀 스취 띠투

☐ 리무진 버스 정류장은 어디 있습니까?

班车站在哪儿? Bānchē zhàn zài nǎr?

빤처 짠 짜이 날

☐ 공항버스는 몇 시에 출발합니까?

大客车几点出发? Dàkèchē jǐdiǎn chūfā?

따커처 지 디엔 츄파

☐ 시간은 대충 얼마나 걸립니까?

大概要多长时间? Dàgài yào duōcháng shíjiān?

따까이 야오 뚜어창 스지엔

☐ 어디로 가십니까?

您去哪儿? Nín qù nǎr?

닌 취 날

☐ 베이징 호텔로 가 주세요.

请到北京饭店去。 Qǐng dào Běijīng fàndiàn qù.

칭 따오 베이징 판디엔 취

☐ 왼쪽으로 가 주세요.

往左拐。 Wǎng zuǒ guǎi.

왕 주오 과이

☐ 여기 세워 주세요.

请在这儿停车。 Qǐng zài zhèr tíngchē.

칭 짜이 쩔 팅처

☐ 얼마입니까?

多少钱? Duōshǎo qián?

뚜어샤오 치엔

유용하게 쓸 수 있는 단어

机场 jīchǎng	지창	비행장, 공항
飞机 fēijī	페이지	비행기
喷气式飞机 pēnqìshì fēijī	펀치스 페이지	제트기
民航机 mínhángjī	민항지	여객기
航空线 hángkōngxiàn	항콩시엔	항공로
飞行 fēixíng	페이싱	비행
起飞 qǐfēi	치페이	이륙
降落 jiàngluò / 着陆 zhuólù	지앙루오 / 쭈오루	착륙
高度 gāodù	까오두	고도
速度 sùdù	쑤두	속도
空中小姐 kōngzhōng xiǎojiě	콩쭝 시아오지에	스튜어디스
旅客 lǚkè	뤼커	여객
护照 hùzhào	후쟈오	여권
坐位 zuòwèi	쭈오웨이	좌석
班机 bānjī	빤지	비행편
机票 jīpiào	지피아오	항공권
登机牌 dēngjīpái	떵지파이	탑승권
登机口 dēngjīkǒu	떵지코우	탑승구
机场费 jīchǎngfèi	지창페이	공항 이용료
座号 zuòhào	쭈오하오	좌석번호
耳机 ěrjī	얼지	이어폰
安全带 ānquándài	안취엔따이	안전벨트
警报器 jǐngbàoqì	징빠오치	비상버튼
国内航线 guónèihángxiàn	구오네이항시엔	국내선
国际航线 guójìhángxiàn	구오지항시엔	국제선
入境检查 rùjìngjiǎnchá	루징지엔차	입국심사

유용하게 쓸 수 있는 단어

☐ 护照号码 hùzhàohàomǎ	후쟈오하오마	여권번호
☐ 申报表 shēnbàobiǎo	션빠오비아오	신고서
☐ 出境 chūjìng	추징	출국
☐ 入境 rùjìng	루징	입국
☐ 飞机航班号 fēijīhángbānhào	페이지항빤하오	항공편 번호
☐ 出生日期 chūshēngrìqī	추성르치	생년월일
☐ 职业 zhíyè	쯔예	직업
☐ 偕行人 xiéxíngrén	시에싱런	동행자
☐ 签证 qiānzhèng	치엔쩡	비자
☐ 名字 míngzi	밍즈	이름
☐ 姓 xìng	싱	성
☐ 地址 dìzhǐ	디쯔	주소
☐ 国籍 guójí	구오지	국적
☐ 出生地 chūshēngdì	추성띠	출생지
☐ 日期 rìqī	르치	날짜
☐ 签字 qiānzì	치엔즈	서명하다
☐ 观光 guānguāng	꾸안구앙	관광
☐ 工作 gōngzuò	꽁주어	업무
☐ 商业 shāngyè	상예	상업
☐ 商人 shāngrén	샹런	상인
☐ 经理 jīnglǐ	징리	지배인
☐ 行李 xíngli	싱리	하물
☐ 皮箱 píxiāng	피시앙	트렁크
☐ 皮包 píbāo	피빠오	가방
☐ 洗手间 xǐshǒujiān	시쇼우지엔	화장실
☐ 有人 yǒurén	여우르언	사용중

출발 / 도착

유용하게 쓸 수 있는 단어

중국어	발음	뜻
无人 wúrén	우르언	비어 있음
咖啡 kāfēi	카페이	커피
牛奶 niúnǎi	니우나이	우유
汽水 qìshuǐ	치수이	사이다
可乐 kělè	크어러	콜라
果汁 guǒzhī	구오쯔	과일주스
大使馆 dàshǐguǎn	따스관	대사관
领事馆 lǐngshìguǎn	링스관	영사관
银行 yínháng	인항	은행
钱 qián	치엔	돈
钞票 chāopiào / 钱票 qiánpiào	차오피아오/치엔피아오	지폐
现款 xiànkuǎn	시엔쿠안	현금
支票 zhīpiào	쯔피아오	수표
兑换 duìhuàn	뚜이후안	환전
存款 cúnkuǎn	춘꾸안	예금
定期存款 dìngqī cúnkuǎn	띵치 춘꾸안	정기예금
活期存款 huóqī cúnkuǎn	후오치 춘꾸안	보통예금
利息 lìxī	리시	이자
交款 jiāokuǎn	지아오쿠안	불입하다(대금을 지불하다)
付款 fùkuǎn	푸꾸안	지급하다
汇款 huìkuǎn	후이쿠안	송금하다
假日 jiàrì	지아르	휴일
忙 máng	망	바쁘다
利益 lìyì	리이	이익

숙박

초간단 필수 표현과 여행정보
1. 호텔 찾기
2. 체크인
3. 프론트 이용 1
4. 프론트 이용 2
5. 룸서비스
6. 이발과 미용
7. 호텔에서의 문제
8. 체크 아웃
유용하게 쓸 수 있는 단어

초간단 필수 표현과 여행정보

● **~있습니까?**

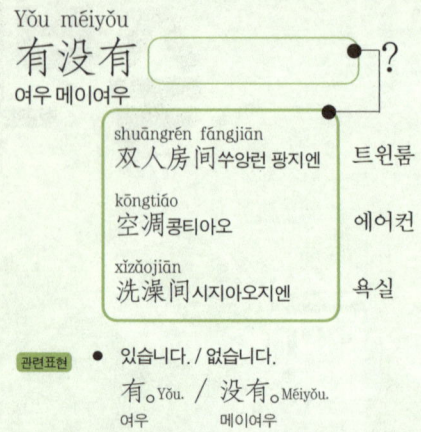

Yǒu méiyǒu
有没有 ?
여우 메이여우

- shuāngrén fángjiān 双人房间 쑤앙런 팡지엔 — 트윈룸
- kōngtiáo 空调 콩티아오 — 에어컨
- xǐzǎojiān 洗澡间 시지아오지엔 — 욕실

관련표현
● 있습니다. / 없습니다.
有。Yǒu. / 没有。Méiyǒu.
여우 / 메이여우

중국의 호텔과 전압

그 지방에 도착하면 먼저 지도를 구입합니다. 지도에 나와 있는 호텔은 비교적 좋은 호텔이기 때문입니다. 호텔을 찾았으면 먼저 외국인이 묵을 수 있는지 물어보고 호텔을 선정합니다.

1성 호텔은 프론트와 식당은 있지만 서비스는 그다지 좋지 못합니다. 에어컨, TV, 샤워실, 화장실 등도 기본적으로 갖추고 있지만 화장실은 공동화장실은 물론 개인화장실도 한국인이 사용하기에는 너무 더러운 경우가 많습니다.

○○ HOTEL이라고 적혀 있는 곳은 2성급 이상의 호텔입니다. 가능한 한 2성급 이상 외국인이 자주 이용하는 호텔에서 묵는 것이 바람직합니다. 문앞에 도어맨이 있는 곳은 3성급 이상의 호텔입니다. 3성 호텔인 경우 프론트, 식당, 커피숍, 이(미)용실, 상점 등의 시설은 모두 갖추고 있고 TV, 에어컨, 샤워실, 화장실 등도 구비되어 있습니다. 4성 및 5성 호텔은 고급 호텔로 보통 단체 여행시에 많이 이용하는 곳으로 훌륭한 서비스를 받을 수 있습니다.

숙박요금은 수십위엔에서부터 100달러 이상의 호텔들이 있습니다. 3성급 이상은 항상 서비스료로 10~20%의 추가 요금을 받습니다. 객실은 기본적으로 2인실 기준이고 1인실인 경우 2인실보다 가격이 높은 경우도 있습니다. 보통 아침식사 포함이지만 그렇지 않은 경우도 많으므로 문의해 보는 것이 좋습니다.

~박 묵겠습니다.

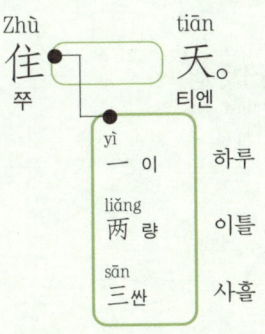

住 Zhù 쭈 — 天 tiān 티엔.
- 一 yī 이 — 하루
- 两 liǎng 량 — 이틀
- 三 sān 싼 — 사흘

관련표현
- 하루밤 얼마입니까?
  一天要多少钱? Yìtiān yào duōshǎo qián?
  이티엔 야오 뚜어사오 치엔

체크인할 때는 여권을 보여주고 숙박기록부에 필요한 것을 기재합니다. 일반적으로 오후 2시 이후에는 체크인 할 수 있습니다. 저급 호텔인 경우 각 층마다 안내원이 문을 열어 주므로 특별한 열쇠가 없는 경우도 있고 "押金야진"이라는 보증금을 받기도 합니다(체크아웃 때 환불). 체크아웃은 보통 12시, 프론트에 체크아웃 하겠다고 하고 정산하면 됩니다.

중국의 전압
현재 중국에서 사용하는 전자제품은 모두 220V~240V, 50HZ로 우리나라의 220V 전자제품은 그대로 사용이 가능합니다. 단 우리나라와 달리 발이 3개가 달린 플러그를 사용하는 곳도 있으므로 가지고 간 제품을 사용하기 위해서는 변환 어댑터나 멀티탭을 이용해야 되는 경우도 있습니다.

보통 호텔의 욕실에는 벽에 변환 어댑터가 있어 이곳을 이용하면 특별한 어댑터 없이도 사용이 가능합니다. 주의할 점은 위쪽에 보면 스위치가 있는데 빨간 불이 들어 와야 이용할 수 있습니다. 욕실에 위와 같은 시설이 안되어 있다면, 호텔에 보증금을 내고 변환 어댑터를 빌려 사용할 수밖에 없으므로 장기 여행객은 현지에서 변환 어댑터를 구매해 가지고 다니는 것이 좋습니다.

숙박

01 호텔 찾기

Point 1 맞춤 표현

▸ 좋은 호텔을 소개해 주세요.
请你给我介绍一个好饭店吧。
Qǐng nǐ gěi wǒ jièshào yíge hǎo fàndiàn ba.

칭 니 게이 워 지에샤오 이꺼 하오 판디엔 바

▸ 방값은 얼마입니까?
房费多少钱? Fángfèi duōshǎo qián?

팡페이 뚜오샤오 치엔

▸ 교통이 편리한 곳이 좋습니다.
最好是交通方便的地方。 Zuìhǎo shì jiāotōng fāngbiàn de dìfāng.

쭈이하오 스 지아오통 팡비엔 더 띠팡

Point 2 유용하게 쓸 수 있는 표현

☐ 실례지만 호텔 안내소는 어디 있습니까?
请问, 饭店介绍处在哪儿? Qǐngwèn, fàndiàn jièshàochù zài nǎr?

칭원   판디엔 지에샤오추 짜이 날

☐ 여기서 호텔을 예약할 수 있습니까?
这儿能预约饭店吗? Zhèr néng yùyuē fàndiàn ma?

쩔 넝 위위에 판디엔 마

☐ 방을 하나 예약하고 싶습니다.
我要预订一个房间。 Wǒ yào yùdìng yíge fángjiān.

워 야오 위딩 이꺼 팡지엔

☐ 빈 방 없습니까?
有没有空房间? Yǒu méiyǒu kòng fángjiān?
여우 메이 여우 콩 팡지엔

☐ 트윈룸 있습니까?
有双人房间吗? Yǒu shuāngrén fángjiān ma?
여우 쑤앙런 팡지엔 마

☐ 욕실이 딸린 싱글룸으로 부탁합니다.
我要带卫生间的单人房间。
Wǒ yào dài wèishēngjiān de dānrén fángjiān.

워 야오 따이 웨이셩지엔 더 딴런 팡지엔

☐ 더 싼 호텔은 없습니까?
有没有更便宜的饭店? Yǒu méiyǒu gèng piányi de fàndiàn?
여우 메이여우 껑 피엔이 더 판디엔

☐ 아침식사 포함입니까?
包括早餐吗? Bāokuò zǎocān ma?
빠오쿠어 자오찬 마

☐ 그 호텔은 어떻게 갑니까?
从这里到那个饭店怎么走?
Cóng zhèli dào nàge fàndiàn zěnme zǒu?

총 쩌리 따오 나거 판디엔 쩐머 조우

중국의 숙박시설

호텔: 호텔의 등급은 별(★)표시로 되어 있고 1성급에서 5성급까지 있습니다. 1성급과 2성급 호텔에는 여러명이 함께 묵을 수 있는 도미토리(다인실)도 있습니다.
유스호스텔: 도미토리 형태로 가격은 저렴하며 배낭여행자들이 한곳에 모여 정보를 공유할 수 있기 때문에 여행자들이 즐겨 찾는 곳이지만 중국에는 유스호스텔이 많지 않습니다.
여관·여사: 우리나라의 여인숙 수준으로 값은 싸지만 시설이 나쁘고 외국인이 묵을 수 없는 곳이 많습니다.
초대소: 대학이나 회사 등 단체에서 운영하는 곳으로 원칙적으로 외국인 여행자는 묵을 수 없고 시설도 천차만별입니다.
민박: 한국인을 대상으로 한국인이나 조선족이 운영하는 민박집이 많습니다.

숙박

02 체크인

Point 1　맞춤 표현

▶ 예약을 했습니다.
预约好了。Yùyuē hǎo le.

위위에 하오 러

▶ 빈 방 있습니까?
有空房间吗?Yǒu kòng fángjiān ma?

여우 콩 팡지엔 마

▶ 신용카드로 지불하겠습니다.
我要用信用卡付款。Wǒ yào yòng xìnyòngka fù kuǎn.

워 야오 용 씬용카 푸 쿠안

Point 2　유용하게 쓸 수 있는 표현

☐ 체크인을 부탁합니다.
请给我办理住宿登记。Qǐng gěi wǒ bàn lǐ zhùsù dēngjì.

칭 게이 워 빤리 쭈수 떵지

☐ 저는 ~라고 합니다.
我叫 ~ 。Wǒ jiào ~.

워 찌아오 ~

☐ 더 싼 방은 없습니까?
有没有再便宜的房间?Yǒu méiyǒu zài piányi de fángjiān?

여우 메이여우 짜이 피엔이 더 팡지엔

- 욕실이 딸린 방을 부탁합니다.
  我要带浴室的房间。Wǒ yào dài yùshì de fángjiān.

  워 야오 따이 위스 더 팡지엔

- 싱글룸 요금은 하룻밤 얼마입니까?
  单人房间一宿多少钱?Dānrén fángjiān yìxiǔ duōshao qián?

  딴런 팡지엔 이시우 뚜어샤오 치엔

- 더 좋은 방은 없습니까?
  有没有比这更好的房间呢?Yǒu méiyǒu bǐ zhì gèng hǎo de fángjiān ne?

  여우 메이여우 비 쩌 껑 하오 더 팡지엔 너

- 하룻밤만 묵겠습니다.
  我住一个晚上。Wǒ zhù yíge wǎnshang.

  워 쭈 이거 완샹

- 1주일 묵겠습니다.
  我要住一个星期。Wǒ yào zhù yíge xīngqī.

  워 야오 쭈 이거 싱치

- 체크아웃은 몇 시입니까?
  几点退房?Jǐ diǎn tuì fáng?

  지디엔 투이 팡

- 아침식사는 포함되어 있습니까?
  带早饭吗?Dài zǎofàn ma?

  따이 자오판 마

- 이 방으로 하겠습니다.
  我就顶下这一间吧。Wǒ jiù yùxia zhè yìjiān ba.

  워 지우 위시아 쩌 이지엔 바

숙박

03 프론트 이용 1

Point 1 맞춤 표현

귀중품을 맡길 수 있습니까?

可以寄存贵重物品吗? Kěyǐ jìcún guìzhòng wùpǐn ma?

커이 지춘 꾸이쯩 우핀 마

이 짐을 제 방으로 옮겨 주세요.

把这个行李放在我的屋子里吧。
Bǎ zhège xíngli fàngzai wǒ de wūzili ba.

바 쩌거 싱리 팡짜이 워 더 우즈리 바

802호실 열쇠 주세요.

请给我802号房间的钥匙。
Qǐng gěi wǒ bā líng èr hào fángjiān de yàoshi.

칭 게이 워 빠링얼 하오 팡지엔 더 야오스

Point 2 유용하게 쓸 수 있는 표현

☐ 식당은 어디 있습니까?

餐厅在哪儿? Cāntīng zài nǎr?

찬팅 짜이 날

☐ 아침식사는 몇 시부터입니까?

早饭几点开始? Zǎofàn jǐdiǎn kāishǐ?

자오판 지디엔 카이스

☐ 영업시간은 몇 시부터 몇 시까지입니까?

营业时间是从几点到几点?
Yíngyè shíjiān shì cóng jǐdiǎn dào jǐdiǎn?

잉예 스지엔 스 총 지디엔 따오 지디엔

- [ ] 제게 온 전언 없습니까?

    有没有留言?Yǒu méiyǒu liúyán?

    여우 메이여우 리우옌

- [ ] 저를 찾는 사람이 있으면 그에게 ~라고 말해 주세요.

    有人来找我的时候, 请你告诉他~。
    Yǒu rén lái zhǎo wǒ de shíhou, qǐng nǐ gàosu tā~.

    여우 런 라이 쟈오 워 더 시호우   칭 니 까오수 타

- [ ] 그(그녀)에게 기다려 달라고 해 주세요.

    请他(她)候一会儿吧。Qǐng tā(tā) hòu yíhuìr ba.

    칭 타(타) 호우 이 후얼 바

- [ ] 제게 온 우편은 없습니까?

    有没有给我来的信?Yǒu méiyou gěi wǒ lái de xìn?

    여우 메이여우 게이 워 라이 더 신

- [ ] 이 근처에 한국식당이 있습니까?

    附近有韩国餐厅吗?Fùjìn yǒu Hánguó cāntīng ma?

    푸진 여우 한구어 찬팅 마

- [ ] 팩시밀리 있습니까?

    有传真机吗?Yǒu chuánzhēnjī ma?

    여우 추안쩐지 마

- [ ] 비즈니스 센터는 몇 층에 있습니까?

    商务中心在几楼?Shāngwù zhōngxīn zài jǐlóu?

    샹우 쭝신 짜이 지러우

- [ ] 인터넷을 쓸 수 있습니까?

    可以上网吗?Kěyǐ shàngwǎng ma?

    커이 샹왕 마

숙박

04 프론트 이용 2

Point 1 맞춤 표현

> 택시 좀 불러 주세요.
> 请叫一辆出租汽车。Qǐng jiào yíliàng chūzū qìchē.
>
> 칭 지아오 이량 추주 치처

> 박물관은 어떻게 가면 됩니까?
> 请问, 到博物馆怎么走。Qǐngwèn, dào bówùguǎn zěnme zǒu.
>
> 칭원 따오 보우구안 쩐머 저우

> 하루 더 묵고 싶습니다.
> 我想再住一天。Wǒ xiǎng zài zù yìtiān.
>
> 워 시앙 짜이 쭈 이티엔

Point 2 유용하게 쓸 수 있는 표현

□ 비누와 수건을 갖다 주세요.
给我拿香皂和毛巾来吧。Gěi wǒ ná xiāngzào hé máojīn lái ba.

게이 워 나 시앙자오 허 마오진 라이 바

□ 쓸 것을 갖다 주십시오.
给我拿写字用的东西来吧。
Gěi wǒ ná xiězì yòng de dōngxi lái ba.

게이 워 나 시에쯔 용 더 똥시 라이 바

□ 통역이 필요합니다.
我要用一个翻译。Wǒ yào yòng yíge fānyì.

워 야오 용 이거 판이

- 통역을 어디에서 부탁합니까?

    翻译，该到哪里去找呢？Fānyì, gāi dào nǎli qù zhǎo ne?

    판이 까이 따오 나리 취 쟈오 너

- 9시에 돌아 오겠습니다.

    我九点钟回来。Wǒ jiǔ diǎn zhōng huílai.

    워 지우 디엔 쭝 후이라이

- 저를 찾아오는 분이 한 분 있을 겁니다.

    有一位客人要来找我。Yǒu yíwèi kèrén yào lái zhǎo wǒ.

    여우 이웨이 커런 야오 라이 쟈오 워

- 그를 오라고 해 주세요.

    请他来吧。Qǐng tā lái ba.

    칭 타 라이 바

- 곧 내려 가겠습니다.

    我这就下去。Wǒ zhè jiù xiàqù.

    워 쩌 지우 시아취

- 한국행 비행기표를 한 장 예약해 주세요.

    请给我订一张去韩国的机票。
    Qǐng gěi wǒ dìng yìzhāng qù Hánguó de jīpiào.

    칭 게이 워 띵 이장 취 한구어 더 지피아오

- 이 편지를 한국으로 부치고 싶습니다.

    我想把这封信寄到韩国。Wǒ xiǎng bǎ zhè fēngxìn jìdào Hánguó.

    워 시앙 바 쩌 펑신 지따오 한구어

숙박

05 룸서비스

Point 1 맞춤 표현

▶ 룸서비스를 부탁합니다.
我要客房服务。 Wǒ yào kèfáng fúwù.

워 야오 커팡 푸우

▶ 여기 101호실입니다.
这里是一零一房间。 Zhèlǐ shì yāo líng yāo fángjiān.

쩌리 스 야오 링 야오 팡지엔

▶ 내일 아침 8시에 깨워 주세요.
明早八点钟叫醒我。 Míngzǎo bā diǎn zhōng jiàoxǐng wǒ.

밍자오 빠 디엔 쭝 지아오싱 워

 Point 2 유용하게 쓸 수 있는 표현

☐ 맥주 3병 부탁합니다.

我们要三瓶啤酒。 Wǒmen yào sān píng píjiǔ.

워먼 야오 싼 핑 피지우

☐ 제 아침식사는 정각 7시에 갖다 주세요.

我的早饭，整七点钟给送来吧。
Wǒ de zǎofàn, zhěng qī diǎn zhōng gěi sònglai ba.

워 더 자오판   쩡 치 디엔 쭝 게이 쑹라이 바

☐ 내 방에서 먹겠습니다.

我在自己的屋里吃。 Wǒ zài zìjǐ de wūli chī.

워 짜이 쯔지 더 우리 츠

☐ 더운 물을 좀 갖다 주세요.
请你给我拿点儿开水来吧。Qǐng nǐ gěi wǒ ná diǎnr kāishuǐ lái ba.

칭 니 게이 워 나 디얼 카이수이 라이 바

☐ 홍차(커피, 코코아)를 갖다 주세요.
请你给我拿红茶(咖啡，可可)来吧。
Qǐng nǐ gěi wǒ ná hóngcha(kāfēi, kěkě) lái ba.

칭 니 게이 워 나 훙츠아(카페이, 크어크어) 라이 바

☐ 그걸 여기(거기)에 놓으세요.
把它放在这儿(那儿)吧。Bǎ tā fàngzài zhèr(nàr) ba.

바 타 팡짜이 쩔(날) 바

☐ 양복을 다려(세탁해) 주세요.
把我的西服给熨一熨(洗一洗)吧。
Bǎ wǒ de xīfú gěi yùnyiyùn (xǐyixǐ) ba.

바 워 더 시푸 게이 윈이윈(시이시) 바

☐ 드라이입니까, 물세탁입니까?
是干洗，还是水洗?Shì gānxǐ, háishì shuǐxǐ?

스 깐시   하이스 수이시

☐ 언제 세탁이 다 됩니까?
衣服什么时候可以洗好?Yīfu shénme shíhòu kěyǐ xǐ hǎo?

이푸 션머 스허우 커이 시 하오

☐ 내일 정오 전까지 꼭 세탁해 주세요.
请在明天中午以前一定把它洗好。
Qǐng zài míngtiān zhōngwǔ yǐqián yídìng bǎ tā xǐ hǎo.

칭 짜이 밍티엔 쭝우 이치엔 이딩 바 타 시 하오

숙박

06 이발과 미용

Point 1 　맞춤 표현

➤ 호텔 내에 미용실이 있습니까?
在饭店里有美容院吗? Zài fàndiàn lǐ yǒu měiróngyuàn ma?

짜이 판디엔 리 여우 메이롱위엔 마

➤ 이발해 주세요.
请给我理发。 Qǐng gěi wǒ lǐfà.

칭 게이 워 리파

➤ 좀 짧게 깎아 주세요.
请剪短一点儿。 Qǐng jiǎn duǎn yìdiǎnr.

칭 지엔 두안 이디얼

Point 2 　유용하게 쓸 수 있는 표현

☐ 이발사를 내 방으로 불러 주세요.
叫理发员到我的房间来吧。
Jiào lǐfàyuán dào wǒ de fángjiān lái ba.

지아오 리파위엔 따오 워 더 팡지엔 라이 바

☐ 이 스타일로 깎아 주세요.
给我照这个发式理一理吧。 Gěi wǒ zhào zhège fàshì lǐyilǐ ba.

게이 워 짜오 쩌거 파스 리이리 바

☐ 면도해 주세요.
给我刮脸吧。 Gěi wǒ guāliǎn ba.

게이 워 꾸아리엔 바

86

☐ 파마해 주세요.
给我烫一烫头发吧。Gěi wǒ tàngyitàng tóufa ba.
게이 워 탕이탕 토우파 바

☐ 웨이브를 해 주세요.
给我头发上弄烫花吧。Gěi wǒ tóufashang nòng tànghuā ba.
게이 워 토우파샹 농 탕후아바

☐ 파마 웨이브를 해 주세요.
给我弄电烫吧。Gěi wǒ nòng diàntàng ba.
게이 워 농 디엔탕 바

☐ 머리를 감아 주세요.
给我洗头吧。Gěi wǒ xǐ tóu ba.
게이 워 시 토우 바

☐ 얼굴 마사지를 받고 싶습니다.
把脸给我按摩一下吧。Bǎ liǎn gěi wǒ ànmó yíxià ba.
바 리엔 게이 워 안모 이시아 바

☐ 메니큐어를 해 주세요.
给我修一修指甲吧。Gěi wǒ xiūyixiū zhǐjiǎ ba.
게이 워 시우이시우 쯔지아 바

☐ 요금은 얼마입니까?
要多少钱？Yào duōshǎo qián?
야오 뚜어샤오 치엔

숙박

07 호텔에서의 문제

Point 1 맞춤 표현

▶ 방 안에 열쇠를 두고 나왔습니다.
钥匙忘在房间里了。Yàoshi wàng zài fángjiān lǐ le.

야오스 왕 짜이 팡지엔 리 러

▶ 더운 물이 나오지 않습니다.
不出热水。Bù chū rèshuǐ.

뿌 추 러수이

▶ 여기에 누구 한국어를 할 수 있는 분 안 계십니까?
这里有会讲韩国话的没有?
Zhèli yǒu huì jiǎng Hánguó huà de méiyou?

쩌리 여우 후이 지앙 한구어 후아 더 메이여우

Point 2 유용하게 쓸 수 있는 표현

☐ 602호실인데 불이 켜지지 않습니다.
这里是六零二房间, 灯不亮。
Zhèlǐ shì liù líng èr fángjiān, dēng bú liàng.

쩌리 스 리우 링 얼 팡지엔   떵 뿌량

☐ 화장실 물이 내려 가지 않습니다.
厕所没有水。Cèsuǒ méiyǒu shuǐ.

처쑤어 메이여우 수이

☐ 목욕 수건이 없습니다.
没有浴巾。Méiyǒu yùjīn.

메이여우 위진

☐ 에어콘이 고장입니다.
空调坏了。Kōngtiáo huài le.

콩티아오 화이 러

☐ 그것을 고쳐 주시겠습니까?
能帮我修一下那个东西吗?Néng bāng wǒ xiū yíxià nàge dōngxi ma?

넝 빵 워 시우 이샤 나거 똥시 마

☐ 열쇠를 잃어 버렸습니다.
我丢了钥匙了。Wǒ diūle yàoshi le.

워 디우러 야오스 러

☐ 열쇠가 망가져 있습니다.
钥匙坏了。Yàoshi huài le.

야오스 후아이 러

☐ 텔레비전이 켜지지 않습니다.
电视坏了。Diànshì huài le.

띠엔스 후아이 러

☐ 청소 좀 다시 해 주세요.
给我从新打扫一下吧。Gěi wǒ cóng xīn dǎ sǎo yíxià ba.

게이 워 총 신 다 사오 이샤 바

☐ 이 방은 너무 작습니다.
这个房间太小。Zhège fángjiān tài xiǎo.

쩌거 팡지엔 타이 시아오

☐ 다른 방으로 바꿔 주세요
请给我换房间。Qǐng gěi wǒ huàn fángjiān.

칭 게이 워 후안 팡지엔

숙박
체크 아웃

Point 1 맞춤 표현

▶ 체크아웃하겠습니다. 정산해 주세요.
我要走了，请结帐吧。Wǒ yào zǒu le, qǐng jié zhàng ba.
워 야오 조우 러   칭 지에 쨩 바

▶ 계산서 주세요.
请给我帐单。Qǐng gěi wǒ zhàngdān.
칭 게이 워 쨩단

▶ 이것은 무슨 요금입니까?
这是什么费用？Zhè shì shénme fèiyòng?
쩌 스 션머 페이용

Point 2 유용하게 쓸 수 있는 표현

☐ 내일 아침 일찍 떠날 겁니다.
我要明天一早动身。Wǒ yào míngtiān yìzǎo dòngshēn.
워 야오 밍티엔 이자오 똥션

☐ 하루 일찍 떠나고 싶습니다.
我要早一天离开。Wǒ yào zǎo yìtiān líkāi.
워 야오 자오 이티엔 리카이

☐ 오늘 떠날 겁니다.
我今天要走。Wǒ jīntiān yào zǒu.
워 진티엔 야오 조우

☐ 계산서 부탁합니다.
给我开帐单吧。Gěi wǒ kāi zhàngdān ba.

게이 워 카이 짱단 바

☐ 신용카드로 지불할 수 있습니까?
可以用信用卡支付吗?Kěyǐ yòng xìnyòngkǎ zhīfù ma?

커이 용 신용카 쯔푸 마

☐ 전부 3천7백 50 위엔입니다.
总共三千七百五十元。Zǒnggòng sānqiān qībǎi wǔshí yuán.

종꽁 싼치엔 치바이 우스 위엔

☐ 계산 착오가 아닙니까?
你是不是算错了?Nǐ shìbushì suàn cuò le?

니 쓰부쓰 수안 추오 러

☐ 택시를 불러 주세요.
请你叫一辆出租汽车来吧。Qǐng nǐ jiào yíliàng chūzūqìchē lái ba.

칭 니 지아오 이량 추주치처 라이 바

☐ 짐을 기차역으로 날라 주세요.
请你把行李送到火车站去吧。
Qǐng nǐ bǎ xíngli sòngdào huǒchēzhàn qù ba.

칭 나 바 싱리 쏭따오 후오처잔 취 바

☐ 감사합니다, 안녕히 계세요.
谢谢，再见再见! Xièxie, zàijiàn zàijiàn!

씨에시에   짜이지엔 짜이지엔

유용하게 쓸 수 있는 단어

旅馆 lǚguǎn	뤼구안	여관
饭店 fàndiàn	판디엔	호텔
宾馆 bīnguǎn	삔구안	영빈관, 여관
公寓 gōngyù	꽁위	하숙
询问处 xúnwènchù	쉰원추	안내소
总(服务)台 zǒng(fúwù)tái	종(푸우)타이	프론트
贵重物品 guìzhòngwùpǐn	꾸이쫑우핀	귀중품
保险箱 bǎoxiǎnxiāng	바오시엔시앙	귀중품보관함
大厅 dàtīng	따팅	로비
经理 jīnglǐ	징리	지배인
服务员 fúwùyuán	푸우위엔	종업원
房号 fánghào	팡하오	방번호
房间 fángjiān / 屋子 wūzi	팡지엔 / 우즈	방
单人房间 dānrén fángjiān	딴런 팡지엔	1인실(싱글룸)
双人房间 shuāngrén fángjiān	쑤앙런 팡지엔	2인실(트윈룸)
餐厅 cāntīng	찬팅	레스토랑
姓名 xìngmíng	싱밍	성명
年纪 niánjì	니엔지	나이
地址 dìzhǐ	디쯔	주소
房租 fángzū	팡주	객실요금, 숙박료
钥匙 yàoshi	야오스	열쇠
走廊 zǒuláng	조우랑	복도
地板 dìbǎn	띠반	마루
二楼 èrlóu	얼로우	2층
楼上 lóushàng	로우샹	지상
楼下 lóuxià	로우시아	지하

유용하게 쓸 수 있는 단어

楼梯 lóutī	로우티	계단
电梯 diàntī	띠엔티	엘리베이터
电动扶梯 diàndòngfútī	띠엔동푸티	에스컬레이터
平台 píngtái	핑타이	테라스
铃 líng	링	벨
床 chuáng	추앙	침대
床单 chuángdān	추앙단	시트
铺盖 pūgai	푸까이	이불, 요
被子 bèizi	뻬이즈	이불
褥子 rùzi	루즈	요
枕头 zhěntou	쩐토우	베개
枕套 zhěntào	쩐타오	베개커버
毯子 tǎnzi	탄즈	담요
卓子 zhuōzi	쭈오즈	테이블
椅子 yǐzi	이즈	의자
沙发 shāfā	샤파	소파
地毯 dìtǎn	띠탄	카펫
衣架 yījià	이지아	옷걸이
蚊帐 wénzhàng	원짱	모기장
电扇 diànshàn	띠엔샨	선풍기
电视机 diànshìjī	띠엔스지	텔레비전
冰箱 bīngxiāng	뼁시앙	냉장고
窗帘 chuānglián	추앙리엔	커텐
台灯 táidēng	타이떵	전기스탠드
暖水瓶 nuǎnshuǐpíng	누안수이핑	보온병
浴室 yùshì	위스	욕실

유용하게 쓸 수 있는 단어

☐	澡盆 zǎopén	자오펀	욕조
☐	淋浴 línyù	린위	샤워
☐	脸盆 liǎnpén	리엔펀	세면기
☐	水龙头 shuǐlóngtóu	수이롱토우	수도꼭지
☐	毛巾 máojīn	마오진	타월
☐	厕所 cèsuǒ	츠어쑤오	화장실
☐	手纸 shǒuzhǐ	쇼우쯔	휴지
☐	香皂 xiāngzào	시앙자오	세숫비누
☐	理发店 lǐfàdiàn	리파디엔	이발소
☐	洗衣服 xǐyīfu	시이푸	세탁
☐	西服 xīfú	시푸	양복
☐	衬衫 chènshān	천샨	와이셔츠
☐	女衬衫 nǚchènshān	뉘천샨	블라우스
☐	裙子 qúnzi	췬즈	스커트
☐	报 bào	빠오	신문
☐	米饭 mǐfàn	미판	밥
☐	烤面包 kǎomiànbāo	카오미엔빠오	토스트
☐	开水 kāishuǐ	카이수이	끓인 물
☐	冰块儿 bīngkuà(r)	삥쿠알	얼음
☐	翻译 fānyì	판이	통역
☐	打扫 dǎsǎo	다싸오	청소하다
☐	洗涤 xǐdí	시디	세정하다
☐	修理 xiūlǐ	시우리	수리하다
☐	退房 tuìfáng	투이팡	체크아웃
☐	收款处 shōukuǎnchù	쇼우쿠안추	출납계
☐	结帐 jiézhàng	지에짱	계산하다

전화/우편

초간단 필수 표현과 여행 정보
1. 시내전화
2. 부재중, 잘못 걸린 전화
3. 국제전화
4. 우체국
유용하게 쓸 수 있는 단어

초간단 필수 표현과 여행정보

● 여보세요, ~입니까?

Wéi shì　　　　　　　　ma
喂, 是 　　　　　　　　吗?
웨이 스　　　　　　　　　마

Běijīng fàndiàn
北京饭店 베이징판디엔　　　베이징 호텔

Lǐ xiānsheng jiā
李先生家 리 시엔성 지아　　이 선생님 댁

zǒngjī
总机 쫑지　　　　　　　　교환

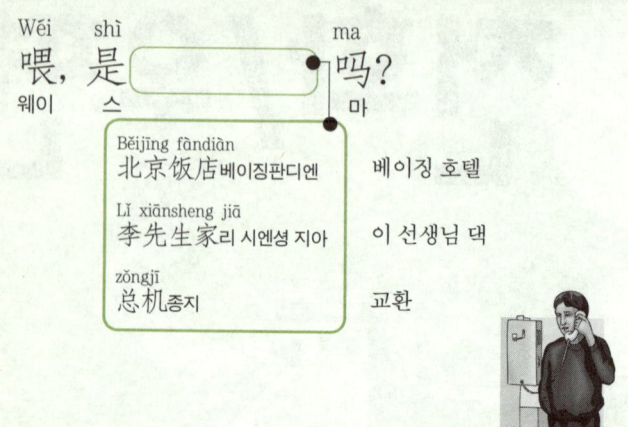

중국의 전화와 우편

1. 국내전화

카드식 공중전화, 동전전화와 가판대에 마련해 놓은 후불식 공용전화가 있습니다. 중국 시내에서는 차이나텔레콤(China Telecom)이라고 쓰인 카드식 공중전화를 쉽게 발견할 수 있으며 카드에 따라 전화기가 다릅니다. 보통 IC카드를 사용하는데 IC카드는 20元, 30元, 50元, 100元짜리가 있고 중국 전역에서 사용할 수 있습니다.

동전전화기는 5角짜리 동전을 넣어야 하므로 다소 불편합니다.

후불식 공용전화는 가판대에 있는 일반전화기로 통화 뒤에 사용시간에 따라 요금을 지불하는데 역 주변에서 주로 발견할 수 있습니다.

호텔 객실에서 시내로 전화를 걸 때는 외선번호를 누르고 상대 전화번호를 누르면 통화할 수 있습니다.

2. 국제전화

대형 호텔 객실에서는 직접 국제전화가 가능하지만 지방도시나 소형 호텔 등에서는 직접 거는 것은 어렵고 프런트에 신청해야 합니다. 옆의 표는 호텔에서 한국 서울 219-2443으로 직통 전화를 걸 때의 예입니다. 호텔 전화의 경우 기본 전화요금에 10~15% 정도 호텔의 서비스요금이 추가됩니다.

공중전화로 국제전화를 걸 때는 전화기에 따라 카드없이 수신자부담전화나 한국에서 구입한 선불전화카드의 번호를 입력해서 사용할 수 있는 전화기도 있고 IC카드를 넣은 다음 국가

죄송하지만 그는 ~.

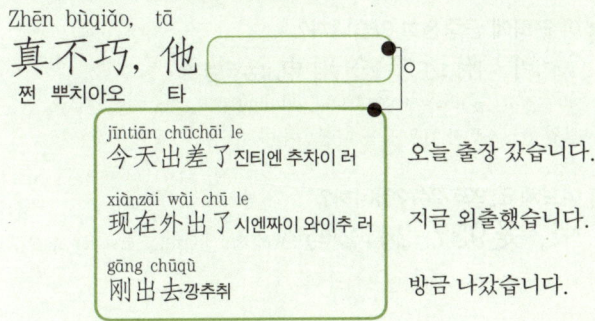

Zhēn bùqiǎo, tā
真不巧，他 ⬜。
쩐 뿌치아오 타

jīntiān chūchāi le
今天出差了 진티엔 추차이 러 — 오늘 출장 갔습니다.

xiànzài wài chū le
现在外出了 시엔짜이 와이추 러 — 지금 외출했습니다.

gāng chūqù
刚出去 깡추취 — 방금 나갔습니다.

번호를 눌러 카드에서 요금이 나가는 방식도 있습니다.

3. 수신자부담 국제전화
카드 없이 1088280이나 108821을 누르면 한국어 안내방송이 나오는데 들은 다음 0번을 누르면 교환과 연결됩니다.

4. 우편과 소포
한국으로 엽서나 편지를 보내려면 호텔의 프런트에 부탁하거나 호텔 내의 우체국 또는 시내에서 많이 볼 수 있는 중국우전국을 이용하면 됩니다. 중국우전국의 업무시간은 연중무휴로 오전 9:00~오후 5:00, 국제우편 요금은 중국에서 한국으로 보내는 경우 엽서가 4.2元, 한국으로는 4~5일이면 도착합니다.

소포는 호텔의 프런트에 부탁하거나 중국우전국에서 보낼 수 있습니다. 선편, 항공편, 택배를 이용할 수 있는데 항공편(베이징에서 서울까지 4~5일, EMS(国际特快传递邮件:겉봉에 EMS라고 표기)로 보내면 2~3일 안에 도착)과 택배편은 빨리 도착하지만 요금이 비싸고 선편은 시간이 걸리지만(20일~ 1개월) 요금이 쌉니다.

최근에는 DHL을 이용할 수도 있지만 베이징이나 상하이, 광저우 등의 대도시에서만 가능합니다.

전화, 우편

01 시내전화

Point 1 　맞춤 표현

▶ 이 근처에 공중전화 있습니까?
请问，附近有公用电话吗?
Qǐngwèn, fùjìn yǒu gōngyòng diànhuà ma?

칭원　푸진 여우 꽁용 띠엔후아 마

▶ 여보세요, 937-2472입니까?
喂，是937-2472吗? Wèi, shì jiǔsānqī èrsìqīèr ma?

웨이　쓰 쥬우싼치 얼쓰치얼 마

▶ 여보세요, 왕 선생님을 부탁합니다.
喂，我找王老师。 Wèi, wǒ zhǎo Wánglǎoshī.

웨이　워 자오 왕라오스

Point 2 　유용하게 쓸 수 있는 표현

☐ 여보세요, 장 선생님 댁입니까?
喂，是张先生家吗? Wèi, shì Zhāngxiānsheng jiā ma?

웨이　쓰 쨩시엔셩 지아 마

☐ 여보세요, 이 선생님 계십니까?
喂，李小姐在吗? Wèi, Lǐxiǎojie zài ma?

웨이　리샤오지에 짜이 마

☐ 여긴 베이징 호텔입니다.
这里是北京饭店。 Zhèlǐ shì Běijīng fàndiàn.

쩌리 스 베이징 판디엔

- [ ] 왕 사장님 돌아오셨습니까?

    请问, 王经理来了没有？Qǐngwèn, Wángjīnglǐ lái le méiyǒu?

    칭원　　왕징리 라이 러 메이여우

- [ ] 계십니다. 잠깐만 기다리세요.

    在。请稍等一下。Zài. Qǐng shāo děng yíxià.

    짜이　칭 샤오 덩 이샤

- [ ] 실례지만 성함이 어떻게 되십니까?

    请问, 你贵姓？Qǐngwèn, nǐ guì xìng?

    칭원　　　니 꾸이 씽

- [ ] 급한 일입니까?

    你有急事吗？Nǐ yǒu jíshì ma?

    니 여우 지스 마

- [ ] 용건을 전해 드리겠어요.

    你有什么事, 我可以转告他。
    Nǐ yǒu shénme shì, wǒ kěyǐ zhuǎngào tā.

    니 여우 션머 쓰　　워 커이 주안까오 타

- [ ] 제 전화번호는 761 1345입니다.

    我的电话号码是七六一 一三四五。
    Wǒ de diànhuà hàomǎ shì qīliùyāo yāosānsìwǔ.

    워 더 띠엔후아 하오마 스 치리우야오 야오싼쓰우

- [ ] 다시 전화 하겠습니다.

    再打电话。Zài dǎ diànhuà.

    짜이 다 띠엔후아

전화, 우편

02 부재중, 잘못걸린 전화

Point 1 　맞춤 표현

▶ **그는 출장 중입니다.**
他出差了。Tā chūchāi le.

타 추차이 러

▶ **통화중입니다.**
占线。Zhànxiàn.

짠쎈

▶ **잠시 뒤에 다시 전화해 주세요.**
请过一会儿再打电话。Qǐng guò yíhuìr zài dǎ diànhuà.

칭 꾸어 이후월 짜이 다 띠엔후아

Point 2 　유용하게 쓸 수 있는 표현

☐ 외선 전화는 어떻게 겁니까?

打外线怎么打? Dǎ wàixiàn zěnme dǎ?

다 와이시엔 쩐머 다

☐ 먼저 0을 돌리고 상대방 전화번호를 돌리세요.

先拨零, 再拨对方号码。Xiān bō líng, zài bō duìfāng hào mǎ.

시엔 뽀어 링　짜이 뽀어 뚜이팡 하오 마

☐ 그는 오늘 휴가입니다.

他今天请假了。Tā jīntiān qǐngjià le.

타 진티엔 칭지아 러

☐ 그는 회의 중입니다.
他在开会。Tā zài kāihuì.

타 짜이 카이후이

☐ 그녀는 목욕 중입니다.
她在洗澡。Tā zài xǐzǎo.

타 짜이 시자오

☐ 그는 아직 돌아오지 않았습니다.
他还没回来。Tā háiméi huílái.

타 하이메이 후이라이

☐ 오늘 밤 제게 전화를 해 주었으면 합니다.
最好今天晚上给我打个电话。
Zuìhǎo jīntiān wǎnshang gěi wǒ dǎ ge diànhuà.

쭈이하오 진티엔 완상 게이 워 다 거 띠엔후아

☐ 여보세요, 내선 123번을 부탁합니다.
喂，请转一下一二三。Wéi, qǐng zhuǎn yíxià yāo èr sān.

웨이 칭 주안 이시아 야오 얼 싼

☐ 아무도 전화를 받지 않습니다.
没人接。Méi rén jiē.

메이 런 지에

☐ 여기에 이 선생님이라는 분은 안 계십니다.
这儿没有姓李的。Zhèr méiyǒu xìng Lǐ de.

쩔 메이여우 씽 리 더

☐ 몇 번에 걸었습니까?
你打的是多少号？Nǐ dǎ de shì duōshao hào?

니 다 더 쓰 뚜어샤오 하오

전화, 우편
03 국제전화

Point 1　맞춤 표현

🔺 국제전화는 어떻게 겁니까?
请问, 国际电话怎么打。Qǐngwèn, guójì diànhuà zěnme dǎ.

칭원　　구어지 띠엔후아 쩐머 다

🔺 한국에 전화를 걸고 싶습니다.
想往韩国打电话。Xiǎng wǎng Hánguó dǎ diànhuà.

샹 왕 한구어 다 띠엔후아

🔺 콜렉트콜로 부탁합니다.
请让对方付费。Qǐng ràng duìfāng fù fèi.

칭 랑 뚜이팡 푸 페이

Point 2　유용하게 쓸 수 있는 표현

☐ 여보세요, 교환입니까?
喂, 是总机吗？Wèi, shi zǒngjī ma?

웨이　스 종지 마

☐ 국제전화를 부탁합니다.
我要打国际电话。Wǒ yào dǎ guójì diànhuà.

워 야오 다 구어지 띠엔후아

☐ 어디에 거실 겁니까?
往哪儿打？Wǎng nǎr dǎ?

왕 날 다

☐ 한국 서울입니다.
要韩国汉城。Yào Hánguó Hànchéng.

야오 한구어 한청

☐ 802호실입니다. 저는 ~입니다.
八零二号房间。我叫~。Bā líng èr hào fángjiān. Wǒ jiào ~.

빠 링 얼 하오 팡지엔　　　워 지아오 ~

☐ 잠깐 전화를 빌릴 수 있습니까?
借用一下电话, 可以吗?Jièyòng yíxià diànhuà, kěyǐ ma?

지에용 이시아 띠엔후아　　커이 마

☐ 시외전화를 걸려고 합니다.
我想打个长途电话?Wǒ xiǎng dǎ ge chángtú diànhuà?

워 시앙 다 거 창투 띠엔후아

☐ 방에서 직통 국제전화를 걸 수 있습니까?
在房间里可以打直拨国际电话吗?
Zài fángjiānli kěyǐ dǎ zhíbō guójì diànhuà ma?

짜이 팡지엔리 커이 다 즈뽀 구어지 띠엔후아 마

☐ 좀 천천히 말씀해 주시겠습니까?
请再慢一点说好吗?Qǐng zài màn yìdiǎn shuō hǎo ma?

칭 짜이 만 이디얼 슈어 하오 마

☐ 다시 한번 말씀해 주시겠습니까?
请再说一遍好吗?Qǐng zài shuō yí biàn hǎo ma?

칭 짜이 슈어 이 비엔 하오 마

☐ 실례지만 큰 소리로 말씀해 주시겠습니까?
对不起, 请大点儿声说好吗?
Duìbuqǐ, qǐng dà diǎnr shēng shuō hǎo ma?

뚜이부치　　칭 따 디얼 성 슈어 하오 마

전화/우편

전화, 우편
04 우체국

Point 1 맞춤 표현

🔖 가장 가까운 우체국은 어디에 있습니까?
最近的邮局在哪儿? Zuìjìn de yóujú zài nǎr?

쭈이진 더 여우쥐 짜이 날

🔖 항공우편으로 부탁합니다.
请寄航空信。 Qǐng jì hángkōngxìn.

칭 지 항콩씬

🔖 속달로 부탁합니다.
请寄快信。 Qǐng jì kuàixìn.

칭 지 콰이씬

 Point 2 유용하게 쓸 수 있는 표현

☐ 이 편지 한국까지 얼마입니까?
这封信寄到韩国多少钱? Zhèfēngxìn jì dào Hánguó duōshǎo qián?

쩌 펑신 지 따오 한구어 뚜어샤오 치엔

☐ 한국까지 며칠 걸립니까?
到韩国需要几天? Dào Hánguó xūyào jǐ tiān?

따오 한구어 쉬야오 지 티엔

☐ 우표는 어디에서 팔고 있습니까?
邮票在哪儿卖? Yóupiào zài nǎr mài?

여우피아오 짜이 날 마이

- 얼마짜리 우표를 붙여야 합니까?

    要贴多少邮票？Yào tiē duōshǎo yóupiào?

    야오 티에 뚜어샤오 여우피아오

- 1위엔짜리 우표 5장 주세요.

    我要三张一块的邮票。Wǒ yào sānzhāng yíkuài de yóupiào.

    워 야오 싼장 이콰이 더 여우피아오

- 우체통은 어디에 있습니까?

    邮筒在哪儿？Yóutǒng zài nǎr?

    여우통 짜이 날

- 등기로 부탁합니다.

    请寄挂号信。Qǐng jì guàhàoxìn.

    칭 지 꾸아하오씬

- 여기서 한국으로 책을 부칠 수 있습니까?

    这儿能往韩国寄书吗？Zhèr néng wàng Hánguó jì shū ma?

    절 넝 왕 한구어 지 수 마

- 이 소포를 한국으로 보내고 싶습니다.

    想把这个包裹奇到韩国。Xiǎng bǎ zhège bāoguǒ jì dào Hánguó.

    시앙 바 쩌거 빠오구어 지 따오 한구어

- 이 소포를 선편으로 보내고 싶습니다.

    这个包裹想海运。Zhège bāoguǒ xiǎng hǎiyùn.

    쩌거 빠오구어 시앙 하이윈

- 항공우편은 얼마입니까?

    寄航空信多少钱？Jì hángkōngxìn duōshǎo qián?

    지 항콩씬 뚜어샤오 치엔

유용하게 쓸 수 있는 단어

▶ 전화

电话 diànhuà	띠엔후아	전화
电话号码 diànhuàhàomǎ	띠엔후아하오마	전화번호
公用电话 gōngyòngdiànhuà	꽁용띠엔후아	공중전화
国际电话 guójìdiànhuà	구어지띠엔후아	국제전화
长途(电话) chángtú(diànhuà)	창투(띠엔후아)	장거리전화
内线 nèixiàn	네이씨엔	내선
外线 wàixiàn	와이씨엔	외선
查号台 cháhàotái	챠하오타이	번호 안내
总机 zǒngjī	종지	교환
电话簿 diànhuàbù	띠엔후아뿌	전화번호부
打(电话) dǎ (diànhuà)	다(띠엔후아)	(전화를) 걸다
电话卡 diànhuàkǎ	띠엔후아카	전화 카드
电话费 diànhuàfèi	띠엔후아페이	전화 요금

▶ 우편

邮局 yóujú	여우쥐	우체국
邮件 yóujiàn	여우지엔	우편물
普通邮件 pǔtōngyóujiàn	푸통여우지엔	보통우편
航空邮件 hángkōngyóujiàn	항콩여우지엔	항공우편
信 xìn / 信件 xìnjiàn	신 / 신지엔	편지
明信片 míngxìnpiàn	밍신피엔	엽서
邮包 yóubāo	여우빠오	소포
信纸 xìnzhǐ	신쯔	편지지
信封 xìnfēng	신펑	편지봉투
收信人 shōuxìnrén	쇼우신런	수신인명
地址 dìzhǐ	띠쯔	주소

교통수단

초간단 필수 표현과 여행정보
1. 길, 교통수단 묻기
2. 비행기, 배
3. 표 사기
4. 열차 1
5. 열차 2
6. 버스
7. 택시
8. 렌터카, 자전거 빌리기
9. 지하철
유용하게 쓸 수 있는 단어

초간단 필수 표현과 여행정보

● ~행 표는 어디에서 살 수 있습니까?

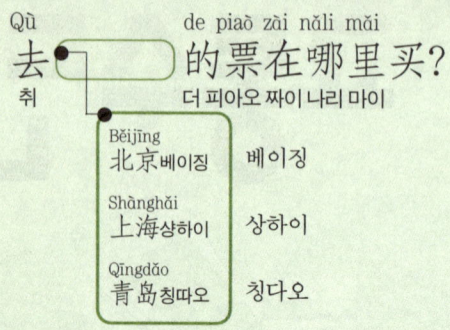

중국의 교통수단

1. 열차
　중국열차는 크게 특쾌, 쾌속, 보통열차로 나눌 수 있습니다. 열차번호가 T로 시작하는 열차는 특쾌(特快)로 가장 빠르고 시설도 좋습니다. K로 시작하는 열차는 쾌속(快速)으로 특쾌보다는 정차역이 많은 장거리 열차입니다. 나머지 숫자만으로 된 열차는 보통열차로 중·근거리를 달리는 보통쾌속열차(快客)와 모든 역에서 서는 보통여객만차(普客)가 있습니다.
　좌석은 외국인이 주로 이용하는 침대차(软卧:루안워-4인 1실 이용)와 한 등급 낮은 침대차(硬卧: 잉워-6인 1실)가 있고, 단거리 여행자가 이용하는 软坐(루안쭈어), 硬坐(잉쭈어)가 있습니다. 장거리 열차에는 식당칸이 설치되어 있어 간단한 식사나 맥주 등을 마실 수 있지만 요금은 비싼 편입니다.

2. 버스
　시내버스는 도시에서 가장 편하게 이용할 수 있는 교통수단으로 노선도 다양하고 정거장 안내표시판의 목적지 표시도 잘되어 있어 관광객이 이용하기에 좋습니다. 도시의 관광지도에는 그 도시의 버스노선이 상세히 표시되어 있으므로 그 지역에 도착하면 일단 지도부터 구입하는게 좋습니다.
　도시간의 장거리 버스는 중국의 도로사정이 좋지않아 승차감이나 편안함은 기대하지 않는 것이 좋습니다. 또한 고장이 많아 수리를 위해 자주 정차하기도 합니다. 소요시간은 씌어 있지만 도로사정 등으로 제대로 지켜지는 경우가 드뭅니다. 표는 철도에 비하여 간단하게 구할 수 있지만 만석이 되지 않으면 출발하지 않는 경우도 있습니다.

3. 택시
　중형택시와 소형택시는 거리당 기본요금이 다르므로 반드시 택시 밖에 붙어 있는 길로미

● 388열차로 상하이까지 1등침대석 2장 주세요.

Sān bā bā (cì) dào Sànghǎi ruǎnwò liǎng zhāng.
388(次) 到上海 软卧 2张。
싼 빠 빠 (츠)   따오 상하이   루안워   리 앙장

[열차번호]   [목적지]   [좌석]   [매수]

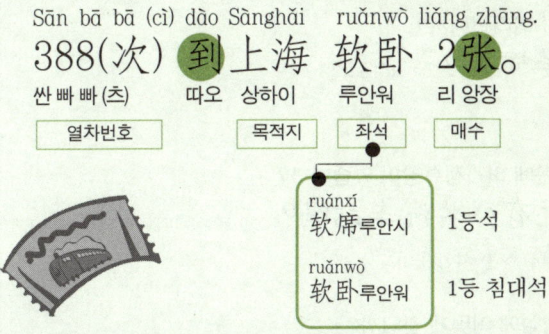

ruǎnxí
软席 루안시   1등석

ruǎnwò
软卧 루안워   1등 침대석

터 당 기본요금 표시를 확인해야 합니다. 베이징의 택시는 킬로미터 당 1.2元짜리와 1.6元짜리가 있습니다.

대도시인 경우 미터기를 사용하므로 흥정이 필요없지만 중소도시인 경우 미터기를 쓰지 않고 흥정으로 요금을 결정합니다. 따라서 타기 전에 요금 흥정을 확실히 해 두어야 나중에 시비가 일어나지 않게 됩니다.

4. 지하철

지하철은 베이징, 텐진, 상하이, 광저우 등에 있으며 비교적 안전하

방위와 방향

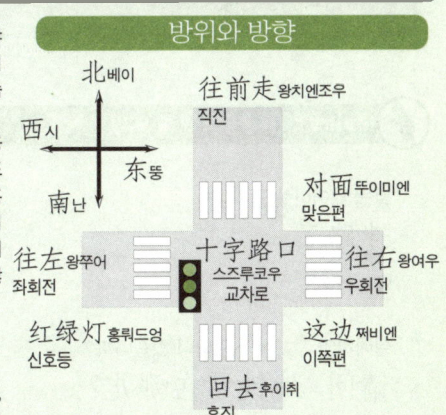

고 교통체증의 염려가 없으므로 편리하게 이용할 수 있습니다. 베이징에는 현재 4개 선이 운행되고 있습니다. 배차 간격은 5분 정도로 다소 긴 편이고, 출퇴근 시간에는 사람들이 너무 많이 몰려서 못 타는 경우가 생기기도 합니다.

지하철 요금은 지하철 역에서 교통카드를 이용하는 것이 가장 저렴한 방법입니다. 지하철 표를 살 경우에는 1호선, 2호선 이용 시에는 거리에 상관없이 3元 입니다. 13호선으로 갈아 타려면 다시 표를 사거나 미리 5元 짜리 표를 사야 합니다. 한국에서처럼 티켓을 개찰구에 넣으면 개찰구가 열립니다. 내릴 때도 필요하므로 표는 꼭 챙겨두어야 합니다.

교통수단

01 길, 교통수단 묻기

Point 1 맞춤 표현

↗ 여기가 어디입니까?
这是哪儿？Zhè shì nǎr?

쩌 스 날

↗ 이 부근에 버스정류장이 있습니까?
附近有公共汽车站吗？Fùjìn yǒu gōnggòng qìchēzhàn ma?

푸진 여우 꽁꽁 치처잔 마

↗ 만리장성에 어떻게 갑니까?
去万里长城怎么走？Qù Wànlǐchángchéng zěnme zǒu?

취 완리창청 쩐머 저우

Point 2 유용하게 쓸 수 있는 표현

☐ 길을 잃어버렸습니다.
迷路了。Mílù le.

미루 러

☐ 실례지만 지하철역은 어디 있습니까?
请问，地铁站在哪儿？Qǐngwèn, dìtiězhàn zài nǎr?

칭원   띠티에짠 짜이 날

☐ 걸어서 얼마나 걸립니까?
步行要多长时间？Bùxíng yào duōcháng shíjiān?

뿌싱 야오 뚜어창 스지엔

110

- [ ] 걸어서 15분 걸립니다.

    要走十五分钟。 Yào zǒu shíwǔ fēnzhōng.

    야오 저우 스우 펀쫑

- [ ] 바로 앞입니다.

    在前边。 Zài qiánbiān.

    짜이 치엔비엔

- [ ] 똑바로 가면 노란 건물입니다.

    一直往前走，那个黄色大楼就是。 Yìzhí wǎngqián zǒu, nàge huángsè dàlóu jiùshì.

    이즈 왕치엔 조우   나거 황써 따로우 지우쓰

- [ ] 실례지만, 이 길이 왕푸징 대로로 가는 길이 맞습니까?

    请问，去王府井大街是走这条路吗? Qǐngwèn, qù Wángfǔjǐng dàjiē shì zǒu zhè tiáolù ma?

    칭원   취 왕푸징 따지에 스 쩌 티아오루 마

- [ ] 인민공원은 가깝습(멉)니까?

    人民公园近(远)吗? Rénmín gōngyuán jìn(yuǎn) ma?

    런민 꽁위엔 찐(위엔) 마

- [ ] 머니까 버스로 가는게 좋습니다.

    因为远，坐公共汽车去为好。 Yīnwèi yuǎn, zuò gōnggòngqìchē qù wéihǎo.

    인웨이 위엔   쭈어 꽁공치처 취 웨이하오

- [ ] 북쪽은 어디입니까?

    北边是哪个方向? Běibiān shì nǎge fāngxiàng?

    베이비엔 스 나거 팡시앙

교통수단

02 비행기, 배

▣ Point 1 맞춤 표현

▸ 비행기로 베이징에 갈 수 있습니까?
用飞机可以到北京去吗? Yòng fēijī kěyǐ dào Běijīng qù ma?

용 페이지 커이 따오 베이징 취 마

▸ 베이징 행 좌석을 2장 주세요.
我要两个到北京去的座位。
Wǒ yào liǎngge dào Běijīng qù de zuòwèi.

워 야오 리앙거 따오 베이징 취 더 쭈오웨이

▸ 배표는 어디에서 삽니까?
在哪儿买船票? Zài nǎr mǎi chuánpiào?

짜이 날 마이 추안피아오

Point 2 유용하게 쓸 수 있는 표현

☐ 비행기 표는 어디에서 살 수 있습니까?
机票得在哪里买呢? Jīpiào děi zài nǎli mǎi ne?

따오 상하이 더 추안 지 띠엔 카이

☐ 묵고 계신 호텔에서 살 수 있습니다.
就在您住的饭店里可以买。 Jiù zài nín zhù de fàndiànli kěyǐ mǎi.

지우 짜이 닌 쭈 더 판디엔리 커이 마이

☐ 베이징에서 상하이까지 시간이 얼마나 걸립니까?
从北京到上海去得用多长时间呢?
Cóng Běijīng dào Shànghǎi qù děi yòng duōcháng shíjiān ne?

총 베이징 따오 상하이 취 데이 용 뚜어창 스지엔 너

- [ ] 몇 시간이면 갈 수 있습니다.

  几个小时就到。Jǐge xiǎoshí jiù dào.

  지거 시아오스 지우 따오

- [ ] 내일 상하이에 비행기로 간다고 하셨지요?

  听说你明天要坐飞机到上海去, 是吗？Tīngshuō nǐ míngtiān yào zuò fēijī dào Shànghǎi qù, shì ma?

  팅슈오 니 밍티엔 야오 쭈어 페이지 따오 샹하이 취 스마

- [ ] 네, 오후 3시 베이징 공항 발 비행기로 가려고 합니다.

  是的，要在北京机场坐下午三点钟起飞机去。Shì de, yào zài Běijīng jīchǎng zuò xiàwǔ sāndiǎn zhōng qǐ fēijī qù.

  스 더   야오 짜이 베이징 지창 쭈어 시아우 싼디엔 쫑 치 페이지 취

- [ ] 알겠습니다. 며칠로 하시겠습니까?

  好, 您要哪一天的？Hǎo, nín yào nǎ yìtiān de?

  하오 닌 야오 나 이티엔 더

- [ ] 다음 주 토요일이 좋습니다.

  我要下星期六的。Wǒ yào xià xīngqīliù de.

  워 야오 시아 싱치리우 더

- [ ] 상하이행 배는 몇 시에 떠납니까?

  到上海的船几点开。Dào Shànghǎi de chuán jǐ diǎn kāi.

  따오 샹하이 더 추안 지 디엔 카이

- [ ] 승선은 몇시입니까?

  几点上船？Jǐ diǎn shàngchuán?

  지 디엔 상추안

- [ ] 1등석 표 4장 주세요.

  我要四张头等舱的票。Wǒ yào sìzhāng tóuděngcāng de piào.

  워 야오 쓰장 터우덩창 더 피아오

교통수단

표 사기

Point 1 맞춤 표현

▸ 표 주세요.
买票。Mǎi piào.
마이 피아오

▸ 35번 열차 시안까지 2장 주세요.
要两张35次去西安的。Yào liǎng zhāng sānshíwǔ cì qù Xī'ān de.
야오 량 짱 싼스우 츠 취 씨안 더

▸ 산하이관행 1등석(보통석) 1장 주세요.
给我一张到山海关去的软席(硬席)票吧。
Gěi wǒ yìzhāng dào Shānhǎiguān qù de ruǎnxí(yìngxí)piào ba.
게이 워 이장 따오 샨하이구안 취 더 루안시(잉시) 피아오 바

Point 2 유용하게 쓸 수 있는 표현

☐ 매표소는 어디 있습니까?
售票处在哪儿?Shòupiàochù zài nǎr?
쇼우피아오추 짜이 날

☐ 시안까지 얼마입니까?
到西安要多少钱?Dào Xī'ān yào duōshǎo qián?
따오 시안 야오 뚜어샤오 치엔

☐ 몇 장 필요합니까?
要几张?Yào jǐ zhāng?
야오 지 장

☐ 1등석 침대차 표 3장 주세요.

请给我三张软席卧铺票。Qǐng gěi wǒ sānzhāng ruǎnxí wòpùpiào.

칭 게이 워 싼장 루안시 워푸피아오

☐ 베이징 왕복표 2장 주세요.

给我两张北京的来回票吧。Gěi wǒ liǎngzhāng Běijīng de láihuípiào ba.

게이 워 량장 베이징 더 라이후이피아오 바

☐ 며칠 것입니까?

要几号的?Yào jǐ hào de?

야오 지 하오 더

☐ 오늘입니다.

要今天的。Yào jīntiān de.

야오 진티엔 더

☐ 내일 것은 있습니까?

明天的有吗?Míngtiān de yǒu ma?

밍티엔 더 여우 마

☐ 좀더 이른 열차는 있습니까?

有更早一点的列车吗?Yǒu gèng zǎo yìdiǎn de lièchē ma?

여우 껑 자오 이디엔 더 리에처 마

☐ 매진입니다.

已经卖完了。Yǐjīng màiwán le.

이징 마이완 러

☐ 짐 맡기는 곳은 어디 있습니까?

寄存处在哪儿?Jìcúnchù zài nǎr?

지춘추 짜이 날

교통수단

04 열차1

Point 1 맞춤 표현

> 이 열차는 베이징행입니까?
> 这趟列车是开往北京去的吗?
> Zhètàng lièchē shì kāiwǎng Běijīng qù de ma?
> 쩌탕 리에처 스 카이왕 베이징 취 더 마

> 역에 도착하면 가르쳐 주시겠습니까?
> 到站能告诉一下吗? Dào zhàn néng gàosu yíxià ma?
> 따오 짠 넝 까오수 이샤 마

> 텐진행은 어디에서 갈아타면 좋습니까?
> 要到天津去, 在哪儿换车好呢?
> Yào dào Tiānjīn qù, zài nǎr huànchē hǎo ne?
> 야오 따오 티엔진 취 짜이 날 후안처 하오 너

Point 2 유용하게 쓸 수 있는 표현

☐ 베이징행 열차는 어느 플렛폼에서 출발합니까?

开往北京的列车是从哪一号月(站)台上开呢?
Kāiwǎng Běijīng de lièchē shì cóng nǎ yíhào yuè(zhàn)táishang kāi ne?

카이왕 베이징 더 리에처 스 총 나 이하오 웨에(짠)타이샹 카이 너

☐ 베이징역은 몇 번째입니까?

到北京火车站还有几站? Dào Běijīng huǒchēzhàn háiyǒu jǐ zhàn?

따오 베이징 후어처짠 하이여우 지 짠

☐ 텐진행 열차는 어느 플렛폼에 정차합니까?

从天津开来的车在哪一号月(站)台上停车呢?
Cóng Tiānjīn kāilái de chē zài nǎ yíhào yuè(zhàn)táishang tíngchē ne?

총 티엔진 카이라이 더 처 짜이 나 이하오 위에(짠) 타이샹 팅처 너

☐ 열차는 얼마 동안 여기에 정차합니까?

列车在这儿停多长时间? Lièchē zài zhèr tíng duōcháng shíjiān?

리에처 짜이 쩔 팅 뚜어창 스지엔

☐ 이것이 산하이관행 직행열차입니까?

这趟列车是直达山海关吗? Zhètàng lièchē shì zhídá Shānhǎiguān ma?

쩌탕 리에처 스 쯔다 샨하이구안 마

☐ 상하이행 열차는 몇 번 플랫폼입니까?

去上海的火车是几号站台? Qù Shànghǎi de huǒchē shì jǐ hào zhàntái?

취 샹하이 더 후오처 스 지 하오 짠타이

☐ 5번 플렛폼입니다.

是第五号月(站)台。Shì dì wǔhào yuè(zhàn)tái.

스 띠 우하오 위에(짠)타이

☐ 이 열차는 텐진에 섭니까?

这趟列车在天津停不停车? Zhètàng lièchē zài Tiānjīn tíng butíng chē?

쩌탕 리에처 짜이 티엔진 팅 뿌팅 처

☐ 텐진에 몇 시에 도착합니까?

几点钟到天津呢? Jǐdiǎn zhōng dào Tiānjīn ne?

지디엔 쭝 따오 티엔진 너

☐ 텐진행 다음 열차는 몇 시입니까?

往天津去的下一趟车, 几点钟开?
Wǎng Tiānjīn qù de xià yítàng chē,   jǐ diǎnzhōng kāi?

왕 티엔진 취 더 시아 이탕 처   지 디엔쫑 카이

☐ 둔황까지 시간이 얼마나 걸립니까?

到敦煌需要多长时间? Dào Dūnhuáng xūyào duōcháng shíjiān?

따오 뚠황 쉬야오 뚜어창 스지엔

교통수단
열차 ㄹ

Point 1 맞춤 표현

▸ 실례지만 이건 제 자리입니다.
对不起,这个座位是我的。Duìbuqǐ, zhège zuòwèi shì wǒde.

뚜이부치   쩌거 쭈오웨이 스 워더

▸ 식당차는 어디입니까?
餐车在哪儿?Cānchē zài nǎr?

찬처 짜이 날

▸ 베이징역에 도착했습니다. 내리세요.
北京车站到了,请下车。Běijīngchēzhàn dào le, qǐng xià chē.

베이징처잔 따오 러   칭 씨아 처

Point 2 유용하게 쓸 수 있는 표현

☐ 대합실은 어디에 있습니까?
候车室在哪儿?Hòuchēshì zài nǎr?

호우처스 짜이 날

☐ 안내소는 어디입니까?
问讯处在哪儿?Wènxùnchù zài nǎr?

우원쉰추 짜이 날

☐ 영어로 쓰인 시간표가 있습니까?
有英文的列车时刻表没有?
Yǒu Yīngwén de lièchē shíkèbiǎo méiyǒu?

여우 잉원 더 리에처 스커비아오 메이여우

118

☐ 역 안에 식당은 어디에 있습니까?

车站食堂在哪儿? Chēzhàn shítáng zài nǎr?

처잔 스탕 짜이 날

☐ 좌석은 있습니까?

还有座位吗? Hái yǒu zuòwèi ma?

하이 여우 쭈오웨이 마

☐ 이 자리는 이미 예약된 자리입니다.

这个座位是已经有人订好了的。
Zhège zuòwèi shì yǐjing yǒu rén dìnghǎo le de.

쩌거 쭈오웨이 스 이징 여우 런 띵하오 러 더

☐ 다른 자리를 알아봐 주십시오.

请你给我找另一个座位吧。
Qǐng nǐ gěi wǒ zhǎo lìng yíge zuòwèi ba.

칭 니 게이 워 쟈오 링 이거 쭈오웨이 바

☐ 이 열차에서 백두산이 보입니까?

在这趟车里看得着白头山吗?
Zài zhètàng chēli kàn de zháo Báitóushān ma?

짜이 쩌탕 처리 칸더쟈오 바이토우산 마

☐ 네, 보입니다.

看得着。 Kàndezháo.

칸더쟈오

베이징 역과 같은 큰 역에는 여유있게 미리 도착해서 타야 할 열차를 안내 전광판에서 확인해 두는 것이 좋습니다. 대합실에는 전광판 또는 푯말에 목적지와 열차이름을 표시해서 개찰구에 알려줍니다.

열차 안에는 기본적으로 따뜻한 식수를 제공하는 온수기, 세면대와 화장실이 있고 식당칸도 있습니다. 식사시간에는 간단한 식사를 카트로 가지고 다니면서 판매하기도 합니다. 그러나 장거리 여행을 할 때에는 컵라면 등 간식거리를 미리 준비해 두는 것이 좋습니다.

교통수단
06 버스

Point 1 맞춤 표현

🔽 역으로 가는 버스는 몇 번입니까?
去火车站坐几路车? Qù huǒchēzhàn zuò jǐlùchē?

취 후오처잔 쭈오 지루처

🔽 박물관에 가려면 갈아타야 합니까?
去博物馆要换车吗? Qù bówùguǎn yào huànchē ma?

취 보우꾸안 야오 후안처 마

🔽 내리겠습니다.
我要下车。 Wǒ yào xiàchē.

워 야오 시아처

Point 2 유용하게 쓸 수 있는 표현

☐ 이 근처에 버스 정류장이 있습니까?
这附近有公共汽车站吗? Zhè fùjìn yǒu gōnggòngqìchēzhàn ma?

쩌 푸진 여우 꽁공치처짠 마

☐ 이 버스가 시내행입니까?
这路车去城里吗? Zhè lùchē qù chénglǐ ma?

쩌 루처 취 청리 마

☐ 베이징 대학까지 얼마입니까?
到北大多少钱? Dào Běidà duō shǎoqián?

따오 베이따 뚜어샤오 치엔

- 1위엔입니다.

  一块钱。Yīkuài qián.

  이콰이 치엔

- 첸먼에 가려면 어디에서 내려야 합니까?

  到前门在哪儿下车?Dào Qiánmén zài nǎr xiàchē?

  따오 치엔먼 짜이 날 시아처

- 베이징 호텔에 가려면 몇 번 버스를 타야 합니까?

  去北京饭店坐几路车?Qù Běijīng fàndiàn zuò jǐ lùchē?

  취 베이징 판디엔 쭈오 지 루처

- 101번 트롤리 버스입니다.

  坐101路无轨电车。Zuò yāolíngyāolù wúguǐ diànchē.

  쭈오 야오 링 야오루 우꾸이 띠엔처

- 구꿍에 도착하면 알려 주시겠습니까?

  到故宫时, 请叫我一声好吗?Dào Gùgōng shí, qǐng jiào wǒ yìshēng hǎo ma?

  따오 꾸궁 스 칭 지아오 워 이셩 하오 마

- 죄송하지만 좀 좁혀서 타 주십시오.

  劳驾, 挤一挤, 让我上去。Láojià, jǐyijǐ, ràng wǒ shàngqù.

  라오지아 지이지 랑 워 샹취

- 내 짐은 이것입니다.

  我的行李就是这个。Wǒ de xíngli jiù shì zhège.

  워 더 싱리 지우 스 쩌거

- 이것은 내가 갖고 가겠습니다.

  这个我自己拿去。Zhège wǒ zìjǐ náqù.

  쩌거 워 쯔지 나 취

교통수단

07 택시

Point 1 맞춤 표현

🚩 베이징호텔까지 얼마입니까?
到北京饭店多少钱? Dào Běijīng fàndiàn duōshǎo qián?

따오 베이징 판디엔 뚜어샤오 치엔

🚩 이 주소까지 가 주세요.
请去这个地方。 Qǐng qù zhège dìfang.

칭 취 쩌거 띠팡

🚩 도착했습니다. 세워 주세요.
到了, 停车吧! Dào le, tíngchē ba!

따오 러 팅처 바

Point 2 유용하게 쓸 수 있는 표현

☐ 택시는 어디에서 탈 수 있습니까?
哪儿有出租车? Nǎr yǒu chūzūchē?

날 여우 추주처

☐ 베이징 호텔로 가 주세요.
开到北京饭店去吧。 Kāidào Běijīng fàndiàn qù ba.

카이 따오 베이징 판디엔 취 바

☐ 저 앞에서 좌회전 해 주세요.
请在前边往左拐。 Qǐng zài qiánbiān wǎng zuǒ guǎi.

칭 짜이 치엔비엔 왕 주오 과이

- 얼마나 걸립니까?

  得用多长时间？Děi yòng duōcháng shíjiān?

  데이 용 뚜어창 스지엔

- 어디서 내립니까?

  在哪儿下车？Zài nǎr xià chē?

  짜이 날 시아 처

- 이 근처에서 세워 주세요.

  请在这儿停车。Qǐng zài zhèr tíngchē.

  칭 짜이 쩔 팅처

- 택시를 세내고 싶습니다.

  我要雇一辆出租汽车。Wǒ yào gù yíliàng chūzūqìchē.

  워 야오 꾸 이량 추주치처

- 요금은 얼마입니까?

  车费要多少钱？Chēfèi yào duōshǎo qián?

  처페이 야오 뚜어샤오 치엔

- 거스름돈을 주십시오.

  拿这个给我找钱吧。Ná zhège gěi wǒ zhǎo qián ba.

  나 쩌거 게이 워 자오 치엔 바

- 여기에서 쇼핑을 좀 하겠습니다. 기다려 주세요.

  我要在这里买一点儿东西, 你等一下儿吧。
  Wǒ yào zài zhèli mǎi diǎnr dōngxi,   nǐ děng yíxiàr ba.

  워 야오 짜이 쩌리 마이 이디얼 똥시   니 덩 이샤 바

- 기다리는 요금을 받습니까?

  要不要等客费呢？Yào buyào děngkèfèi ne?

  야오 뿌야오 덩커페이 너

교통수단

08 렌터카, 자전거 빌리기

Point 1 맞춤 표현

↗ 소형 차를 빌리고싶습니다.
我想租小车。Wǒ xiǎng zū xiǎo chē.

워 시앙 주 시아오 처

↗ 하루 빌리는데 얼마입니까?
借一天多少钱?Jiè yìtiān duōshǎo qián?

지에 이티엔 뚜어샤오 치엔

↗ 5일 쓸 겁니다.
我想用五天。Wǒ xiǎng yòng wǔtiān.

워 시앙 용 우티엔

Point 2 유용하게 쓸 수 있는 표현

☐ 오토매틱 차 있습니까?
有自动排挡的车吗?Yǒu zìdòng páidǎng de chē ma?

여우 쯔동 파이당 더 처 마

☐ 어떤 차종이 있습니까?
都有什么车型?Dōu yǒu shénme chēxíng?

떠우 여우 선머 처싱

☐ 이 차는 하루 얼마입니까?
这辆车一天要多少钱?Zhè liàng chē yìtiān yào duōshǎo qián?

쩌 리앙 처 이티엔 야오 뚜어샤오 치엔

□ 교통지도 있습니까?
有没有交通地图? Yǒu méiyǒu jiāotōng dìtú?

여우 메이여우 지아퉁 띠투

□ 요금표를 보여 주세요.
请给我看看价目表。 Qǐng gěi wǒ kànkan jiàmùbiǎo.

칭 게이 워 칸칸 지아무비아오

□ 보증금은 얼마입니까?
押金要多少钱? Yājīn yào duōshǎo qián?

야진 야오 뚜어샤오 치엔

□ 운전 면허증을 좀 보여 주세요
请让我看看您的驾驶执照。
Qǐng ràng wǒ kànkan nín de jiàshǐ zhízhào.

칭 랑 워 칸칸 닌 더 지아스 즈짜오

□ 자전거를 어디서 빌릴 수 있습니까?
在哪儿可以租自行车? Zài nǎr kěyǐ zū zìxíngchē?

짜이 날 커이 주 쯔싱처

□ 보증금이 필요합니까?
要押金吗? Yào yājīn ma?

야오 야진 마

□ 1시간 얼마입니까?
多少钱一个小时? Duōshǎo qián yíge xiǎoshí?

뚜어샤오 치엔 이거 시아오스

□ 공기를 좀 넣어 주세요.
请打点儿气。 Qǐng dǎdiǎnr qì.

칭 다디얼 치

교통수단

🚇 지하철

Point 1 맞춤 표현

🔖 제일 가까운 지하철역은 어디입니까?
离这儿最近的地铁站在哪儿?
Lí zhèr zuìjìn de dìtiězhàn zài nǎr?

리 쩔 쭈이진 더 띠티에짠 짜이 날

🔖 즈엔궈먼까지 2장 주세요.
买两张建国门。Mǎi liǎngzhāng Jiànguómén.

마이 량장 지엔구오먼

🔖 베이징역에 가려면 어디서 갈아타야 합니까?
到北京站在哪儿换车?Dào Běijīngzhàn zài nǎr huànchē?

따오 베이징짠 짜이 날 후안처

Point 2 유용하게 쓸 수 있는 표현

☐ 표를 어디서 삽니까?
在哪儿买票?Zài nǎr mǎi piào?

짜이 날 마이 피아오

☐ 즈엔궈먼까지 한 장 얼마입니까?
去建国门, 一张多少钱?Qù Jiànguómén, yìzhāng duōshao qián?

취 지엔구오먼   이짱 뚜어샤오 치엔

☐ 2위엔입니다.
两块钱。Liǎng kuài qián.

량 콰이 치엔

126

- [ ] 자동판매기를 이용하세요.

  请使用自动售票机。Qǐng shǐyòng zìdòng shòupiàojī.

  칭 스용 쯔동 쇼우피아오지

- [ ] 푸싱먼은 아직 멀었습니까?

  还没到复兴门吗?Hái méi dào Fùxīngmén ma?

  하이 메이 따오 푸싱먼마

- [ ] 이 다음입니다.

  下一站就是。Xià yízhàn jiù shì.

  시아 이짠 지우 스

- [ ] 지하철로 푸싱먼에 가는데 시간이 얼마나 걸립니까?

  坐地铁到复兴门去, 得用多少时间?
  Zuò dìtiě dào Fùxīngmén qù, děi yòng duōshǎo shíjiān?

  쭈어 띠티에 따오 푸싱먼　　　데이 용 뚜어샤오 스지엔

- [ ] 갈아탈 필요 없습니까?

  不用换车吗?Bú yòng huàn chē ma?

  뿌용 후안 처 마

- [ ] 즈엔궈먼에서 갈아 타면 됩니다.

  在建国门倒一下就可以。Zài Jiànguómén dǎo yíxià jiù kěyǐ.

  짜이 지엔구오먼 다오 이시아 지우 커이

- [ ] 어느쪽에서 타야 합니까?

  在哪个站台上车?Zài nǎge zhàntái shàng chē?

  짜이 나거 짠타이 상 처

- [ ] 지하철 노선도 있습니까?

  有没有地铁路线图?Yǒu méiyǒu dìtiě lùxiàntú?

  여우 메이여우 띠티에 루시엔투

유용하게 쓸 수 있는 단어

☐ 火车站 huǒchēzhàn	후오처잔	역
☐ 入口 rùkǒu	루커우	입구
☐ 出口 chūkǒu	추커우	출구
☐ 售票处 shòupiàochù	쇼우피아오추	매표소
☐ 退票口 tuìpiàokǒu	투이피아오커우	표 반환창구
☐ 问讯处 wènshìchù	우원쉰추	안내소
☐ 车票 chēpiào	처피아오	차표
☐ 单程票 dānchéngpiào	딴청피아오	편도표
☐ 来回票 láihuípiào	라이후이피아오	왕복표
☐ 快车票 kuàichēpiào	콰이처피아오	급행표
☐ 卧铺票 wòpùpiào	워푸피아오	침대표
☐ 行李票 xínglipiào	싱리피아오	수화물 영수증
☐ 检票口 jiǎnpiàokǒu	지엔피아오코우	개찰구
☐ 站台 zhàntái	짠타이	플렛폼
☐ 列车 lièchē	리에처	열차
☐ 快车 kuàichē	콰이처	급행열차
☐ 慢车 mànchē	만처	완행열차
☐ 软席 ruǎnxí	루안시	1등석(푹신푹신한 좌석)
☐ 硬席 yìngxí	잉시	보통석(딱딱한 좌석)
☐ 软卧 ruǎnwò	루안워	1등 침대석(푹신푹신한 침대)
☐ 硬卧 yìngwò	잉워	보통 침대석(딱딱한 침대)
☐ 餐车 cānchē	찬처	식당차
☐ 卧车 wòchē	우워처	침대차
☐ 车长 chēzhǎng	처장	차장
☐ 列车服务员 lièchē fúwùyuán	리에처푸우위엔	열차승무원
☐ 向导人 xiàngdǎorén	시앙다오런	안내인

유용하게 쓸 수 있는 단어

□ 搬运工人 bānyùn gōngrén	빤윈 꽁런	운반원
□ 列车时刻表 lièchē shíkèbiǎo	리에처 스커비아오	열차시각표
□ 停车场 tíngchēchǎng	팅처창	주차장
□ 机场 jīchǎng	지창	비행장, 공항
□ 飞机 fēijī	페이지	비행기
□ 喷气式飞机 pēnqìshì fēijī	펀치스 페이지	제트기
□ 民航机 mínhángjī	민항지	여객기
□ 航空线 hángkōngxiàn	항콩시엔	항공로
□ 飞行 fēixíng	페이싱	비행
□ 起飞 qǐfēi	치페이	이륙
□ 降落 jiàngluò / 着陆 zhuólù	지앙루오/쭈오루	착륙
□ 高度 gāodù	까오두	고도
□ 速度 sùdù	쑤두	속도
□ 空中小姐 kōngzhōngxiǎojiě	콩쭝시아오지에	스튜어디스
□ 旅客 lǚkè	뤼커	여객
□ 护照 hùzhào	후쟈오	여권
□ 行李 xíngli	싱리	화물
□ 皮箱 píxiāng	피시앙	트렁크
□ 皮包 píbāo	피빠오	가방
□ 道路 dàolù	따오루	도로
□ 电车 diànchē	띠엔처	전차
□ 地铁 dìtiě	띠티에	지하철
□ 车站 chēzhàn	처잔	정류장
□ 汽车 qìchē	치처	자동차
□ 出租汽车 chūzū qìchē	추주 치처	택시, 전세 자동차
□ 往前走 wǎngqiánzǒu	왕치엔조우	직진

교통수단

유용하게 쓸 수 있는 단어

- [ ] 右(左)转 yòu(zuǒ)zhuǎn 여우(주오)쭈안 우(좌)회전
- [ ] 十字路口 shízìlùkǒu 스즈루커우 사거리
- [ ] 红绿灯 hónglǜdēng 훙뤼떵 신호등
- [ ] 停车 tíngchē 팅처 정차
- [ ] 车厢 chēxiāng 처시앙 트렁크
- [ ] 同乘 tóngchéng 통츠엉 합승
- [ ] 发票 fāpiào 파피아오 영수증
- [ ] 公共汽车 gōnggòng qìchē 꿍공 치처 버스
- [ ] 公共汽车站 gōnggòng qìchēzhàn 꿍공 치처잔 버스정류장
- [ ] 开往~ kāiwǎng~ 카이왕 ~행
- [ ] 目的地 mùdìdì 무디디 목적지
- [ ] 简图 jiǎntú 지엔투 약도
- [ ] ~路车 lùchē 루처 ~번 버스
- [ ] 零钱 língqián 링치엔 잔돈
- [ ] 海港 hǎigǎng 하이강 항구
- [ ] 码头 mǎtou 마토우 부두
- [ ] 船 chuán 추안 배
- [ ] 轮船 lúnchuán 룬추안 기선
- [ ] 客舱 kècāng 커창 객실
- [ ] 甲板 jiǎbǎn 지아반 갑판
- [ ] 大使馆 dàshǐguǎn 따스구안 대사관
- [ ] 领事馆 lǐngshìguǎn 링스구안 영사관

식사

초간단 필수 표현과 여행정보
1. 식당 알아보기와 예약
2. 식사 초대
3. 주문
4. 식사 중에
5. 음료
6. 패스트푸드, 포장마차
7. 식사 때의 문제
8. 계산
중국요리의 용어
유용하게 쓸 수 있는 단어

초간단 필수 표현과 여행정보

● ~을 먹고 싶습니다.

중국의 음식

1. 음식

음식은 커다란 접시에 담아 중앙이 회전되는 탁자 가운데 올려 놓으므로 자기 앞으로 돌려놓고 적당한 양을 덜어 먹습니다. 중국 음식점에서는 요리를 접시별로 팔기 때문에 2가지 요리를 시키기는 어려우므로 여러 사람이 어울려 가면 다양한 요리를 경제적으로 즐길 수 있습니다.

요리를 주문할 경우에는 '뿌야오시앙차이(不要香菜)' 라고 하는 것을 잊지 말아야 합니다. 항채를 넣지 말라는 것으로 향채는 독특한 향을 내는 향신료 중의 하나로 대개는 이 냄새 때문에 중국 음식을 먹을 수 없는 경우가 많기 때문입니다.

중국식당의 영업시간은 일정하게 정해져 있어 그 시간이 아니면 음식을 팔지 않는 곳이 많습니다. 대형 음식점이나 호텔음식점도 같은 식이기 때문에 영업 시간을 넘어섰다면 패스트 푸드점이나 슈퍼를 이용해야 합니다.

중국을 대표하는 요리는 크게 산둥요리, 쓰촨요리, 상하이요리, 광둥요리의 4가지로 나눌 수 있습니다.

산둥요리는 황허유역과 베이징, 톈진, 허난 일대의 요리로 중국 북부지역에 유행하는 북방요리의 대표격입니다. 상하이요리는 황허 하류의 쑤저우, 항저우, 상하이 일대의 요리를 말하며 특히 굽고 고는 요리로 유명합니다. 쓰촨요리는 중국 내륙의 쓰촨성 일대의 요리로 여름이 매우 덥기 때문에 음식의 부패를 막기 위해 향신료를 많이 사용하는 것이 특징으로 매운 맛, 신 맛, 톡 쏘는 맛이 주종입니다. 광둥요리는 중국 동남부의 광둥성, 푸젠성, 광시성에서 주로 먹는 요리로 중국에서도 가장 종류가 많은 것이 특징입니다.

~이 필요합니다.

Wǒ yào
我要 ◯。
워 야오

kuàizi
筷子 콰이즈 — 젓가락

diézi
碟子 디에즈 — 접시

jiàngyóu
酱油 지앙여우 — 간장

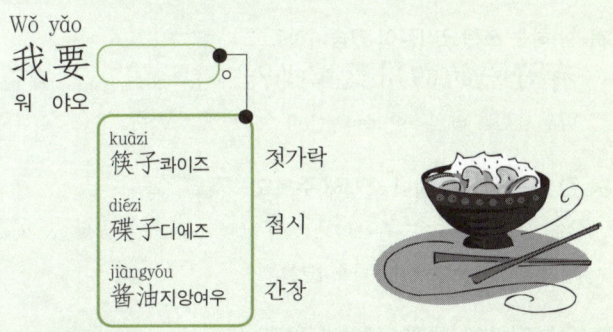

2. 차

차의 이름은 차를 채취하는 시기나 방법·색깔·형태·지명 등에 따라 제각기 다릅니다. 이를테면 사전차는 경칩 전에, 우전차는 곡우 전에, 명전차는 청명 전에 채취하는 차를 말하며 채취하는 시기로 구분한 것이고, 홍차·녹차·백차는 색깔로 구분한 이름입니다. 또한 차의 형태에 따라서 직설차와 말차로 구분됩니다.

이외에 차의 맛은 토질과 기후의 영향을 받기 때문에 차의 이름에는 지명을 딴 것이 많습니다.

3. 술

중국인은 술잔이 다 비기 전에 술을 첨잔하므로 한국의 습관과 다르고 술잔을 돌리는 관습이 없습니다. 중국인이 건배를 외치며 술을 권해 올 때는 한 번에 다 들이키라는 것으로 중도에 내려 놓으면 실례가 됩니다. 따라서 술이 약한 사람은 사전에 미리 양해를 구해 놓는 것도 좋습니다.

중국에는 지방마다 한두 개 정도의 특산주가 있을 정도로 술의 종류가 매우 많고 알콜 도수가 보통 40~60도로 매우 독한 것이 유명합니다.

중국의 술은 크게 다섯 가지로 나눌 수 있는데, 증류주인 백주(마오타이주, 분주, 고량주(배갈)), 양조주인 황주(저알콜), 한방약을 이용한 약주(죽엽청주, 오가피주), 과일 등을 이용한 과실주(포도주), 그리고 맥주 등이 있습니다.

식사

01 식당 알아보기와 예약

Point 1 맞춤 표현

↗ 잘 하는 쓰촨요리점이 있습니까?
有好吃的四川菜馆吗? Yǒu hǎo chī de Sìchuān càiguǎn ma?

여우 하오 츠 더 쓰추안 차이꾸안 마

↗ 잘 하는 식당을 하나 소개해 주세요.
给我介绍一家好餐厅。 Gěi wǒ jièshao yìjiā hào cāntīng.

게이 워 지에샤오 이지아 하오 찬팅

↗ 오늘 저녁 6시에 3명 예약해 주세요.
今晚六点订三个位子。 Jīnwǎn liùdiǎn dìng sānge wèizi.

진완 리우디엔 띵 싼거 웨이즈

Point 2 유용하게 쓸 수 있는 표현

☐ 베이징 요리를 먹고 싶습니다.
我想吃北京菜。 Wǒ xiǎng chī Běijīng cài.

워 시앙 츠 베이징 차이

☐ 베이징 요리점은 어디에 있습니까?
北京菜馆在哪里呢? Běijīng càiguǎn zài nǎli ne?

베이징 차이꾸안 짜이 나리 너

☐ 가볍게 식사할 수 있는 곳이 있습니까?
有小餐厅吗? Yǒu xiǎo cāntīng ma?

여우 시아오 찬팅 마

□ 예약을 해야 합니까?

得要预订吗? Děi yào yùdìng ma?

데이 야오 위딩 마

□ 몇 시부터 식사를 할 수 있습니까?

从几点钟开饭? Cóng jǐdiǎn zhōng kāi fàn?

총 지디엔 쫑 카이판

□ 창가쪽 자리가 좋겠습니다.

我要靠窗户的座位。Wǒ yào kào chuānghu de zuòwèi.

워 야오 카오 추앙후 더 쭈오웨이

□ 별실 있습니까?

有雅座吗? Yǒu yǎzuò ma?

여우 야쭈어 마

□ 모두 5명입니다.

一共五个人。Yīgòng wǔge rén.

이꽁 우거런

□ 내일 저녁 7시에 세 사람입니다.

明晚七点,我们是三个人。Míngwǎn qīdiǎn wǒmen shì sānge rén.

밍완 치디엔　　　워먼 스 싼거 런

□ 1인당 2백 위엔 코스로 부탁합니다.

要订每人两百块标准的。Yào dìng měirén liǎngbǎikuài biāozhǔn de.

야오 띵 메이런 량바콰이 비아오준 더

□ 거기 어떻게 갑니까?

那个地方怎么走? Nàge dìfang zěnme zǒu?

나거 띠팡 쩐머 조우

135

식사

02 식사 초대

Point 1 맞춤 표현

🔖 식사 했습니까?
吃饭了吗? Chī fàn le ma?
츠 판 러 마

🔖 함께 식당에 갑시다.
一起去饭馆儿吧。Yìqǐ qù fànguǎnr ba.
이치 취 판괄 바

🔖 많이 먹었습니다.
我吃得饱极了。Wǒ chī de bǎo jí le.
워 츠 더 바오 지 러

Point 2 유용하게 쓸 수 있는 표현

☐ 배가 고픕니다.
我饿了。Wǒ è le.
워 어 러

☐ 식사 했습니다.
吃饭了。Chī fàn le.
츠 판 러

☐ 별로 맛있는 것은 없어요.
没什么好的，家常便饭。Méi shénme hǎode, jiācháng biànfàn.
메이 썬머 하오더   지아창 삐엔판

- 맛을 좀 보세요.
  你尝尝味道。Nǐ chángchang wèidao.

  니 창창 웨이다오

- 음, 맛은 싱겁지도 짜지도 않군요. 아주 좋아요.
  嗯, 不咸不淡。正合适。En, bù xián bū dàn. Zhèng héshì.

  언 뿌 시엔 뿌 단 쩡 허쓰

- 많이 드셨습니까?
  吃好了吗？Chī hǎo le ma?

  츠 하오 러 마

- 이제 배가 부릅니다.
  已经吃好了。Yǐjīng chī hǎo le.

  이징 츠 하오 러

- 차를 좀 드세요.
  你喝杯茶吧。Nǐ hē bēi chá ba.

  니 허 뻬이 차 바

- 우리의 우정을 위하여 건배!
  为我们的友谊, 干杯！Wèi wǒmen de yǒuyì, gānbēi!

  웨이 워먼 더 여우이 깐뻬이

- 건배!
  干杯！Gānbēi!

  깐뻬이

- 좀 취했습니다.
  我有点儿醉了。Wǒ yǒu diǎnr zuì le.

  워 여우 디얼 쭈이 러

식사

먹 주문

Point 1 맞춤 표현

▸ 메뉴를 좀 보여 주세요.
给我拿菜单来看一看。Gěi wǒ ná càidān lái kànyikàn.
게이 워 나 차이딴 라이 칸이칸

▸ 정식을 주세요.
给我来套餐吧。Gěi wǒ lái tàocān ba.
게이 워 라이 타오찬 바

▸ 일품요리와 정식 중에 어느 것을 드시겠습니까?
您自己点菜呢, 还是吃套餐呢?
Nín zìjǐ diǎn cài ne, háishi chī tàocān ne?
닌 쯔지 디엔 차이 너   하이스 츠 타오찬 너

Point 2 유용하게 쓸 수 있는 표현

☐ 메뉴 있습니까?
有菜单吗?Yǒu càidān ma?
여우 차이딴 마

☐ 무엇을 먹고 싶습니까?
你想吃什么?Nǐ xiǎng chī shénme?
니 시앙 츠 션머

☐ 쇠고기가 아니면 어떤 것이든 괜찮습니다.
我不吃牛肉, 别的什么都行。
Wǒ bù chī niúròu, bié de shénme dōu xíng.
워 뿌 츠 니우러우   비에 더 션머 또우 싱

- 이것은 무슨 요리입니까?

 这菜叫什么?Zhè cài jiào shénme?

 쩌 차이 지아오 션머

- 주문 받으세요.

 我要点菜。Wǒ yào diǎncài.

 워 야오 디엔차이

- 무엇이 제일 빨리 됩니까?

 什么最快?Shénme zuì kuài?

 션머 쭈이 콰이

- 이 양 우리 대신에 주문해 주시겠어요?

 小李,你替我们点菜好吗?Xiǎo Lǐ, nǐ tì wǒmen diǎn cài hǎo ma?

 시아오리   니 티 워먼 디엔 차이 하오 마

- 좋아요. 우선, 교자를 한 접시 주세요.

 好的。先来一盘饺子。Hǎode. Xiān lái yì pán jiǎozi.

 하오더   시엔라이 이 판 지아오즈

- 새우 튀김 있습니까?

 有炸虾没有?Yǒu zháxiā méiyou?

 여우 쟈시아 메이여우

- 이것 하고 이것 주세요.

 要这个和这个。Yào zhège hé zhège.

 야오 쩌거 허 쩌거

- 디저트는 무엇이 있습니까?

 有什么甜食?Yǒu shénme tiánshí?

 여우 션머 티엔스

식사

04 식사 중에

Point 1 맞춤 표현

▶ 이 요리는 뭐라고 합니까?
这个菜叫怎么? Zhège cài jiào shénme?

쩌거 차이 지아오 션머

▶ 이것은 어떻게 해서 먹습니까?
这个怎么吃? Zhège zěnme chī?

쩌거 쩐머 츠

▶ 소금(간장) 좀 건네 주세요.
给我递一下精盐(酱油)。Gěi wǒ dì yíxià jīngyán(jiàngyóu).

게이 워 띠 이샤 징옌(지앙여우)

Point 2 유용하게 쓸 수 있는 표현

☐ 매우 맛있습니다.
很好吃。Hěn hǎochī.

헌 하오츠

☐ 이 요리 맛있군요, 하나 더 부탁합니다.
这个菜很好吃, 再要一个。Zhège cài hěn hǎochī, zài yào yíge.

쩌거 차이 헌 하오츠   짜이 야오 이거

☐ 이것을 좀 더 갖다 주세요.
再拿一点儿这个来吧。Zài ná yìdiǎnr zhège lái ba.

짜이 나 이디얼 쩌거 라이 바

- [ ] 차가운 닭고기를 좀 주세요.

    我要一点儿冷鸡肉。Wǒ yào yìdiǎnr lěng jīròu.

    워 야오 이디얼 렁 지로우

- [ ] 야채 샐러드를 주세요.

    我要青菜沙拉。Wǒ yào qīngcàishālā.

    워 야오 칭차이샤라

- [ ] 비프 스테이크에 야채를 많이 넣어 주세요.

    铁板牛肉要多配点儿青菜。Tiěbǎnniúròu yào duō pèi diǎnr qīngcài.

    티에반니우로우 야오 뚜어 페이 디얼 칭차이

- [ ] 삶은 계란과 토스트 빵을 갖다 주세요.

    给我拿煮鸡蛋和烤面包片来吧。
    Gěi wǒ ná zhǔjīdàn hé kǎo miànbāo piàn lái ba.

    게이 워 나 쭈지단 허 카오 미엔빠오 피엔 라이 바

- [ ] 젓가락을 하나 더 주세요.

    给我拿双筷子吧。Gěi wǒ ná shuāng kuàizi ba.

    게이 워 나 쑤앙 콰이즈 바

- [ ] 접시를 바꿔 주세요.

    请换一下碟子。Qǐng huàn yíxià diézi.

    칭 후안 이샤 디에즈

- [ ] 좀 싸 주세요.

    请给我包一下。Qǐng gěi wǒ bāo yíxià.

    칭 게이 워 빠오 이샤

- [ ] 제가 주문한 요리가 아직 안 나왔습니다.

    我点的菜还没有来。Wǒ diǎn de cài hái méiyǒu lái.

    워 디엔 더 차이 하이 메이여우 라이

식사

05 음료

Point 1 맞춤 표현

> 칭다오 맥주 두 병 주세요.
> 要两瓶青岛啤酒。Yào liǎngpíng Qīngdǎo píjiǔ.
>
> 야오 리앙핑 칭따오 피지우

> 마오타이주 있어요?
> 有没有茅台酒?Yǒu méiyǒu Máotái jiǔ?
>
> 여우 메이여우 마오타이 지우

> 재스민 차를 마시고 싶습니다.
> 我想喝茉莉花茶。Wǒ xiǎng hē mòlìhuā chá.
>
> 워 시앙 허 모리후아 차

Point 2 유용하게 쓸 수 있는 표현

□ 음료는 무엇을 들겠습니까?
您要喝什么呢?Nín yào hē shénme ne?

닌 야오 허 션머 너

□ 포도주 메뉴를 보여 주세요.
给我拿葡萄酒单来看一看。Gěi wǒ ná pútao jiǔdān lái kànyikàn.

게이 워 나 푸타오 지우딴 라이 칸이칸

□ 이 술은 몇 도나 됩니까?
这个酒有多少度?Zhège jiǔ yǒu duōshǎo dù?

쩌거 지우 여우 뚜어샤오 뚜

- 위스키는 있습니까?

  有威士忌吗? Yǒu wēishìjì ma?

  여우 웨이스지 마

- 맥주 한 병 더 갖다 주세요.

  给我再拿一瓶啤酒来吧。 Gěi wǒ zài ná yìpíng píjiǔ lái ba.

  게이 워 짜이 나 이핑 피지우 라이 바

- 한 잔 더 주세요.

  给我再来一杯。 Gěi wǒ zài lái yìbēi.

  게이 워 짜이 라이 이뻬이

- 과자와 커피를 주세요.

  我要点心和咖啡。 Wǒ yào diǎnxīn hē kāfēi.

  워 야오 디엔신 허 카페이

- 냉수 한 잔 갖다 주세요.

  给我拿一杯凉水来吧。 Gěi wǒ ná yìbēi liángshuǐ lái ba.

  게이 워 나 이뻬이 리앙수이 라이 바

- 크림을 넣은 홍차를 주세요.

  给我拿奶油红茶来吧。 Gěi wǒ ná nǎiyóu hóngchá lái ba.

  게이 워 나 나이여우 홍츠아 라이 바

- 치즈와 크래커 주세요.

  我要干酪和饼干。 Wǒ yào gānlào hē bǐnggān.

  워 야오 깐라오 허 빙깐

- 무슨 차입니까?

  是什么茶? Shì shénme chá?

  스 션머 차

식사

06 패스트푸드, 포장마차

Point 1 맞춤 표현

▱ 햄버거 하나, 콜라 작은 것으로 한 잔 주세요.

我要一个汉堡，一杯小号的可乐。
Wǒ yào yíge hànbǎo, yìbēi xiǎohào de kělè.

워 야오 이거 한바오　　이뻬이 샤오하오 더 커러

▱ 딸기 아이스크림 있습니까?

有草莓冰基凌没有? Yǒu cǎoméi bīngjīlíng méiyou?

여우 차오메이 삥지링 메이여우

▱ 저는 이것으로 하겠습니다.

我要这个。 Wǒ yào zhège.

워 야오 쩌거

Point 2 유용하게 쓸 수 있는 표현

☐ 후라이드 치킨 2개 주세요.

我要两块炸鸡。 Wǒ yào liǎngkuài zhájī.

워 야오 리양콰이 자지

☐ 여기서 드실 겁니까, 가지고 가실 겁니까?

在这儿吃，还是带走? Zài zhèr chī, háishì dài zǒu?

짜이 쩔 츠　　　　하이스 따이 저우

☐ 여기서 먹을 겁니다. / 가지고 가겠습니다.

在这儿吃。 Zài zhèr chī. / **我要带走。** Wǒ yào dài zǒu.

짜이 쩔 츠　　　　　　　워 야오 따이 저우

☐ 여기서 식사를 하고 싶은데 어떤 요리가 있습니까?

我们要在这儿吃饭, 有什么菜?
Wǒmen yào zài zhèr chī fàn, yǒu shénme cài?

워먼 야오 짜이 쩔 츠 판   여우 션머 차이

☐ 당신들은 무슨 요리를 좋아하십니까?

你们喜欢吃什么? Nǐmen xǐhuan chī shénme?

니먼 시환 츠 션머

☐ 교자 좋아하십니까?

你爱吃饺子吗? Nǐ ài chī jiǎozi ma?

니 아이 츠 지아오즈 마

☐ 한 사람 당 2위엔 정도로 적당한 요리를 만들어 주세요.

每个人两块左右, 请适当给我们做些菜。
Měigerén liǎngkuài zuǒyòu, qǐng shìdàng gěi wǒmen zuò xiē cài.

메이거런 리양콰이 주오여우   칭 쓰당 게이 워먼 주오 시에 차이

☐ 저 사람이 먹고 있는 것을 우리도 맛보고 싶습니다.

他吃的, 我们也想尝尝。Tā chī de, wǒmen yě xiǎng chángchang.

타 츠 더   워먼 예 시앙 창창

☐ 이 요리 맵습니까?

这个菜辣不辣? Zhège cài là bulà?

쩌거 차이 라 부라

☐ 좀 맵습니다.

有点儿辣。Yǒu diǎnr là.

여우 디얼 라

☐ 매운 것은 싫습니다.

我不吃辣的。Wǒ bù chī là de.

워 뿌 츠 라 더

식사

07 식사 때의 문제

Point 1 맞춤 표현

▶ 주문한 음식이 아직 안 나왔습니다.
我点的菜还没来。Wǒ diǎn de cài hǎiméi lái.

워 디엔 더 차이 하이메이 라이

▶ 이것은 제가 주문한 것이 아닙니다.
这不是我要的东西。Zhè bú shì wǒ yào de dōngxi.

쩌 부 스 워 야오 더 똥시

▶ 너무 기름져서 먹을 수가 없어요.
太油腻了，吃不了。Tài yóunì le, chī bùliǎo.

타이 여우니 러   츠 뿌랴오

Point 2 유용하게 쓸 수 있는 표현

☐ 이건 주문하지 않았습니다.
我没点这个。Wǒ méi diǎn zhège.

워 메이 디엔 쩌거

☐ 이것은 깨끗하지 않아요.
这个不干净。Zhège bù gānjìng.

쩌거 뿌 깐징

☐ 이것은 신선하지 않습니다.
这个不新鲜。Zhège bù xīnxiān.

쩌거 뿌 씬시엔

- 이것을 갖고 가세요.
  把这个拿下去吧。 Bǎ zhège ná xiàqu ba.

  바 쩌거 나 시아취바

- 이것을 더 익혀(구워) 주세요.
  把这个再煮(烤)一下吧。 Bǎ zhège zài zhǔ(kǎo) yíxià ba.

  바 쩌거 짜이 쭈(카오) 이시아 바

- 이것은 너무 익혔습니다.
  这个煮过劲儿了。 Zhège zhǔ guòjìnr le.

  쩌거 쭈 꾸오지얼 러

- 이건 너무 질겨요(달아요, 십니다).
  这个太硬(甜，酸)。 Zhège tài yìng(tián, suān).

  쩌거 타이 잉(티엔, 수안)

- 너무 많습니다.
  太多了。 Tài duō le.

  타이 뚜어 러

- 이것은 차갑습니다.
  这可凉。 Zhè kě liáng.

  쩌 커 리앙

- 이 요리는 너무 짭니다.
  这个菜太咸了。 Zhège cài tài xián le.

  쩌거 차이 타이 시엔 러

- 맛을 좀 싱겁게 해 주시겠습니까?
  能做淡点儿吗？ Néng zuò dàn diǎnr ma?

  넝 쭈어 단 디얼 마

식사

계산

Point 1 맞춤 표현

▸ 계산서 부탁합니다.
请结帐。Qǐng jiézhàng.

칭 지에짱

▸ 신용카드 됩니까?
可以用信用卡吗?Kěyǐ yòng xìnyòngkǎ ma?

커이 용 신용카 마

▸ 이 계산서는 잘못 되었습니다.
这个账算得不对。Zhège zhàng suàn de bú duì.

쩌거 짱 수안 더 부 뚜이

Point 2 유용하게 쓸 수 있는 표현

☐ 오늘은 제가 대접할게요.
今天我请客。Jīntiān wǒ qǐngkè.

진티엔 워 칭커

☐ 각자 나누어 냅시다.
大家滩钱吧。Dàjiā tān qián ba.

따지아 탄 치엔 바

☐ 잘 먹었습니다.
吃好了。Chī hǎo le.

츠 하오 러

- [ ] 계산해 주세요.

    请算帐。Qǐng suànzhàng.

    칭 수안짱

- [ ] 모두 얼마입니까?

    一共多少钱？Yīgòng duōshǎo qián?

    이공 뚜어샤오 치엔

- [ ] 봉사료가 들어 있습니까?

    服务费在内吗？Fúwùfèi zài nèi ma?

    푸우페이 짜이 네이 마

- [ ] 이것은 무슨 요금입니까?

    这是什么钱？Zhè shì shénme qián?

    쩌 스 션머 치엔

- [ ] 영수증 주세요.

    请开发票。Qǐng kāi fāpiào.

    칭 카이 파피아오

중국요리의 용어

중국요리의 이름은 요리의 모양이나 지명 등에 따라 붙이기도 하지만 대부분은 어떤 조리 방법으로 요리를 했는지, 사용한 요리의 재료가 어떤 것이냐에 따라 붙이는 것이 일반적입니다. 따라서 요리이름만 봐도 대충 사용된 재료, 조리방법, 맛 등을 알 수 있습니다.

요리 재료의 모양에 따른 용어

- 全quán(취엔): 재료를 통째로 요리한 것.
- 丸子wánzi(완쯔): 완자 모양으로 둥글게 만든 것.
- 釀niàng(니앙): 재료의 속을 비우고 그 안에 다른 재료를 섞어 넣은 것.
- 卷juǎn(쥐엔): 재료를 두루마리 처럼 말아서 만든 것.
- 包bāo(빠오): 얇은 껍질로 소를 싼 것.
- 排骨páigǔ(파이구): 뼈가 있는 재료로 만든 것.
- 平饼píngbǐng(핑빙): 둥글고 얇게 지져낸 것.
- 元宵yuánxiāo(위엔시아오): 쌀가루나 녹말로 둥글게 빚어 만든 것.

조리법에 따른 용어

- 炸菜zhácài(쟈차이): 다량의 기름으로 튀겨낸 요리
- 汤菜tāngcài(탕차이): 우리나라의 찌게처럼 국물이 적고 건더기가 많은 요리
- 川菜chuāncài(촨차이): 수프의 한 종류로 찌게처럼 국물이 적고 건더기가 많은 요리
- 炒菜chǎocài(차오차이): 중간 불로 기름에 볶은 요리
- 拌菜bàncài(빤차이): 무침 요리
- 溜菜liūcài(리우차이): 오향을 넣은 소금물이나 간장으로 볶은 요리
- 蒸菜zhēngcài(쩡차이): 찐 요리
- 煨菜wēicài(웨이차이): 끓인 요리
- 烤菜kǎocài(카오차이): 직접 불에 구운 요리
- 淹菜yāncài(옌차이): 절인 요리
- 烧菜shāocài(샤오차이): 기름에 볶은 후 삶은 요리
- 煎菜jiāncài(젠차이): 약간의 기름을 두르고 지져낸 요리

유용하게 쓸 수 있는 단어

☐ 食堂shítáng, 餐厅cāntīng	스탕, 찬팅	식당
☐ 饭馆fànguǎn	판구안	요리집
☐ 开始kāishǐ	카이스	시작하다
☐ 饭fàn	판	식사
☐ 早饭zǎofàn	자오판	아침식사
☐ 午饭wǔfàn	우판	점심식사
☐ 晚饭wǎnfàn	완판	저녁식사
☐ 中餐zhōngcān	쭝찬	중국요리
☐ 西餐xīcān	시찬	서양요리
☐ 韩国菜Hánguócài	한구어차이	한국요리
☐ 份儿饭fènrfàn	펄판	정식
☐ 快餐kuàicān	콰이찬	간단한 식사, 즉석 음식
☐ 菜cài	차이	요리
☐ 菜单càidān	차이딴	메뉴
☐ 米饭mǐfàn, 饭fàn	미판, 판	밥
☐ 汤tāng	탕	수프, 국
☐ 粥zhōu	쩌우	죽
☐ 面包miànbāo	미엔빠오	빵
☐ 肉ròu	로우	고기
☐ 牛肉niúròu	니우로우	쇠고기
☐ 烧烤程度shāokǎo chéngdù	샤오카오청두	굽는 정도
☐ 全熟quánshú	취엔쑤	잘 익힌
☐ 半熟bànshú	빤쑤	반쯤 익힌
☐ 煮得嫩的zhǔdenènde	쭈더니엔더	덜 삶은(반쯤익힌)
☐ 猪肉zhūròu	쭈로우	돼지고기

유용하게 쓸 수 있는 단어

☐ 羊肉 yángròu	양로우	양고기
☐ 鸭 yā	야	오리
☐ 鸡肉 jīròu	지로우	닭고기
☐ 鸡蛋 jīdàn	지단	계란
☐ 鱼 yú	위	생선
☐ 面条 miàntiáo	미엔티아오	우동, 국수
☐ 炸酱面 zhájiàngmiàn	자지앙미엔	자장면
☐ 饺子 jiǎozi	지아오즈	교자
☐ 包子 bāozi	빠오즈	만두
☐ 玻璃杯 bōlibēi	뽀리뻬이	유리잔
☐ 小盘儿 xiǎopánr	시아오팔	작은 접시
☐ 筷子 kuàizi	콰이즈	젓가락
☐ 牙签 yáqiān	야치엔	이쑤시개
☐ 调料 tiáoliào	티아오리아오	조미료
☐ 盐 yán	옌	소금
☐ 白糖 báitáng	바이탕	백설탕
☐ 胡椒 hújiāo	후지아오	후추
☐ 酱油 jiàngyóu	지앙여우	간장
☐ 醋 cù	추	식초
☐ 水果 shuǐguǒ	수이구어	과일
☐ 苹果 píngguǒ	핑구어	사과
☐ 葡萄 pútao	푸타오	포도
☐ 桔子 júzi	쥐즈	귤
☐ 桃 táo	타오	복숭아

유용하게 쓸 수 있는 단어

☐ 梨 lí	리	배
☐ 青菜 qīngcài	칭차이	야채
☐ 饮料 yǐnliào	인리아오	음료
☐ 水 shuǐ	수이	물
☐ 茶 chá	츠아	차
☐ 红茶 hóngchá	홍츠아	홍차
☐ 咖啡 kāfēi	카페이	커피
☐ 冰激凌 bīngjīlíng	삥지링	아이스크림
☐ 可口可乐 kěkǒukělè	커코우커러	코카콜라
☐ 牛奶 niúnǎi	니우나이	우유
☐ 果汁 guǒzhī	구오쯔	주스
☐ 冰 bīng	삥	얼음
☐ 口香糖 kǒuxiāngtáng	코우시앙탕	껌
☐ 酒 jiǔ	지우	술
☐ 白兰地酒 báilándìjiǔ	바이란디지우	브랜디
☐ 茅台酒 máotáijiǔ	마오타이지우	마오타이주
☐ 绍兴酒 shàoxīngjiǔ	샤오싱지우	소흥주
☐ 威士忌 wēishìjì	웨이스지	위스키
☐ 白酒 báijiǔ	바이지우	고량주
☐ 啤酒 píjiǔ	피지우	맥주
☐ 葡萄酒 pútaojiǔ	푸타오지우	포도주
☐ 下酒菜 xiàjiǔcài	시아지우차이	마른 안주
☐ 快餐 kuàicān	콰이찬	패스트푸드

유용하게 쓸 수 있는 단어

汉堡包 hànbǎobāo	한바오빠오	햄버거
炸薯条 zháshǔtiáo	쟈수티아오	감자튀김
热狗 règǒu	러고우	핫도그
三明治 sānmíngzhì	싼밍쯔	샌드위치
咖哩饭 gālífàn	까리판	카레라이스
沙拉 shālā	샤라	샐러드
肯德基 kěndéjī	컨더지	KFC(캔터키 프라이드 치킨)
麦当劳 màidāngláo	마이땅라오	맥도날드
乐天利 lètiānlì	러티엔리	롯데리아
吃 chī	츠	먹다
喝 hē	흐어	마시다
好吃 hǎochī	하오츠	맛있다
难吃 nánchī	난츠	맛없다
点菜 diǎncài / 叫菜 jiàocài	디엔차이/지아오차이	주문하다
掉换 diàohuàn	디아오후안	바꾸다
烫 tàng	탕	뜨겁다
凉 liáng	리앙	차다
多 duō	뚜어	많다
辣 là	라	맵다
咸 xián	시엔	짜다
酸 suān	수안	시다
甜 tián	티엔	달다
苦 kǔ	쿠	쓰다
淡 dàn	딴	담백하다
油腻 yóunì	여우니	기름지다

쇼핑

초간단 필수 표현과 여행정보
1. 매장이나 상점 알아보기
2. 흥정할 때
3. 미술품, 공예품, 문구 살 때
4. 보석, 악세사리 살 때
5. 신발, 가방 살 때
6. 옷 살 때, 옷 맞출 때
7. 차, 한약, 화장품 살 때
8. 계산, 교환, 포장
유용하게 쓸 수 있는 단어

초간단 필수 표현과 여행정보

● **~있습니까?**

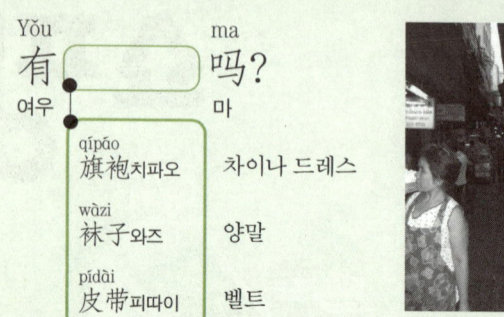

Yǒu 有 여우

ma 吗? 마

qípáo 旗袍 치파오 — 차이나 드레스

wàzi 袜子 와즈 — 양말

pídài 皮带 피따이 — 벨트

중국의 화폐 (67쪽 그림참조)

중국의 화폐는 런민삐(人民币)라고 하며 현재 통용되는 화폐는 다음과 같습니다.

● 元(위엔): 일상 회화에서는 块钱(콰이치엔)이라고 하며 한국돈 150원 정도.
  100元, 50元, 10元, 5元, 1元
● 毛(마오): 일상 회화에서는 角(지아오)라고 하며 1/10元(한국돈 약 15원)
  5角, 2角, 1角
● 分(펀): 1/10角(한국돈 1.5원에 해당하나 사라지는 추세임)
  5分, 2分, 1分

이중에서 동전은 1元, 5角, 1角, 5分, 2分, 1分이고 1元, 1角, 5角 등은 지폐와 동전이 혼용되고 있습니다.

중국 현지에서는 우리 나라 화폐와 인민폐의 환전이 불가능하므로 출국하기 전에 우리 나라 화폐를 인민폐나 달러, 여행자수표로 미리 바꾸어 가야 합니다. 또한 우리 나라의 외국환 취급은행에서는 지폐만을 교환해 주므로 소액권이 많이 필요한 경우에는 미리 부탁해 두지 않으면 교환이 곤란한 경우도 있습니다.

중국 내에서의 환전은 공항에 있는 중국은행 출장소나 중국은행 각지점에서 할 수 있습니다. 은행의 영업시간은 월요일부터 금요일까지 오전 8시~오후 5시이며, 토요일은 오전 8시~11시 30분입니다. 일요일은 휴무. 그러나 각 호텔의 환전 서비스 시간은 비교적 길고 곳에 따라서는 일요일에도 영업합니다. 호텔이나 대도시의 외국인 상대 쇼핑센터나 우의상점 등에서도 환전이 가능합니다.

~을 사고 싶습니다.

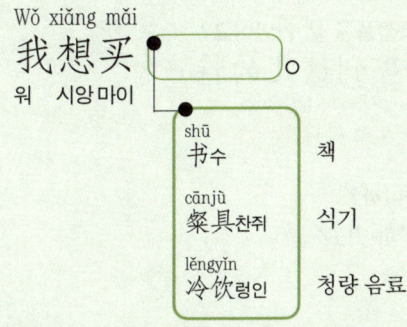

Wǒ xiǎng mǎi
我想买 ●_____ 。
워 시앙마이

shū
书 수 — 책

cānjù
餐具 찬쥐 — 식기

lěngyǐn
冷饮 렁인 — 청량 음료

현금은 팁, 기념품이나 토산품 구입, 교통비로 나가는 것을 고려해 되도록 소액권(10元, 1元, 5角 2角 등)만 지니고 다니고 나머지는 여행자수표나 신용 카드를 가지고 다니는 것이 현명합니다.

상점의 영업시간은 여름에는 오전9시~오후 6시, 겨울에는 오전9시~오후 7시입니다.

숫자 읽기

一 yī 이	二, 两 èr, liǎng 얼, 량	三 sān 싼	四 sì 쓰	五 wǔ 우
六 liù 리우	七 qī 치이	八 bā 빠	九 jiǔ 지우	十 shí 스
百 bǎi 바이	千 qiān 치엔	万 wàn 완		

쇼핑

01 매장이나 상점 알아보기

Point 1 맞춤 표현

🔖 어디에서 이 지역 특산품을 살 수 있어요?

在哪里可以买到这儿的特产?
Zài nǎli kěyǐ mǎi dao zhèr de tèchǎn?

짜이 나리 커이 마이 따오 쩔 더 터찬

🔖 백화점은 어디 있습니까?

百货大楼在哪儿? Bǎihuò dàlóu zài nǎr?

바이후오 따러우 짜이 날

🔖 화장품은 몇 층에 있습니까?

化妆品在几楼? Huàzhuāngpǐn zài jǐ lóu?

후아쭈앙핀 짜이 지 러우

Point 2 유용하게 쓸 수 있는 표현

☐ 안내소는 어디 있습니까?

请问, 问讯处在哪儿? Qǐngwèn, wènxùnchù zài nǎr?

칭원   원쉰추 짜이 날

☐ 엘리베이터는 어디 있습니까?

电梯在哪儿? Diàntī zài nǎr?

띠엔티 짜이 날

☐ 무엇이 필요하십니까?

你要什么? Nǐ yào shénme?

니 야오 션머

☐ 문방구는 어디에서 팝니까?
文房四宝在哪儿卖? Wénfáng sìbǎo zài nǎr mài?

원팡 스바오 짜이 날 마이

☐ 스웨터를 사고 싶습니다.
我要毛衣。 Wǒ yào máoyī.

워 야오 마오이

☐ 거기에는 어떻게 갑니까?
那儿怎么走? Nàr zěnme zǒu?

날 쩐머 저우

☐ 완구는 몇 층에 있습니까?
玩具在几楼? Wánjù zài jǐ lóu?

완쥐 짜이 지 러우

☐ 우산 있습니까?
有雨伞吗? Yǒu yǔsǎn ma?

여우 위산 마

☐ 남성용품은 어디 있습니까?
男人用的东西在哪里卖呢? Nánrén yòng de dōngxi zài nǎli mài ne?

난런 용 더 뚱시 짜이 나리 마이 너

☐ 3층에 있습니다.
在三楼呢。 Zài sānlóu ne.

짜이 싼로우 너

☐ 이곳에 화장실은 없습니까?
里边儿有没有厕所? Lǐbiānr yǒuméiyǒu cèsuǒ?

리비얼 여우메이여우 처쑤오

쇼핑
02 흥정할 때

Point 1 맞춤 표현

🡥 얼마입니까?
多少钱? Duōshǎo qián?
뚜오샤오 치엔

🡥 너무 비싸네요.
太贵了。Tài guì le.
타이 꾸이 러

🡥 좀더 깎아 주세요.
再便宜一点儿吧。Zài piányi yìdiǎnr ba.
짜이 피엔이 이디얼 바

Point 2 유용하게 쓸 수 있는 표현

☐ 백위엔입니다.
一百块。Yì bǎi kuài.
이 바이 콰이

☐ 너무 비쌉니다.
那太贵了。Nà tài guì le.
나 타이꾸이 러

☐ 좀 싼 것은 없습니까?
有没有再便宜点儿的吗? Yǒu méiyǒu zài piányi diǎnr de ma?
여우 메이여우 짜이 피엔이 디얼 더 마

- 좀 싼 것을 주세요.
  我要再便宜点儿的。 Wǒ yào zài piányi diǎnr de.

  워 야오 짜이 피엔이 디얼 더

- 좀 깎아 주세요.
  少算点儿吧。 Shǎo suàn diǎnr ba.

  샤오 쑤안 디얼 바

- 좀 깎아 줄 수 있습니까?
  能便宜一点儿吗? Néng piányi yìdiǎnr ma?

  넝 피엔이 이디얼 마

- 80위엔은 어떻습니까?
  八十块怎么样? Bāshí kuài zěnmeyàng?

  빠스 콰이 전머양

- 50위엔으로 해 주세요.
  算五十块吧。 Suàn wǔshí kuài ba.

  쑤안 우스 콰이 바

- 그렇다면 좋아요.
  那好吧。 Nà hǎo ba.

  나 하오 바

- 더 좋은 것이 있습니까?
  有比这个再好的没有? Yǒu bǐ zhège zài hǎode méiyou?

  여우 비 쩌거 짜이 하오더 메이여우

- 다른 것을 주세요.
  我要别的样子的。 Wǒ yào biéde yàngzi de.

  워 야오 비에더 양즈 더

03 미술품, 공예품, 문구 살 때

쇼핑

Point 1 맞춤 표현

🡕 풍경화를 보여 주세요.
给我看一看风景画吧。Gěi wǒ kànyikàn fēngjǐnghuà ba.

게이 워 칸이칸 펑징화 바

🡕 저 담배함을 보여 주세요.
给我看一看那个烟盒吧。Gěi wǒ kànyikàn nàge yānhé ba.

게이 워 칸이칸 나거 옌허 바

🡕 벼루는 어디 있습니까?
砚台在哪儿?Yàntai zài nǎr?

옌타이 짜이 날

Point 2 유용하게 쓸 수 있는 표현

☐ 이것은 무엇입니까?
这是什么?Zhè shì shénme?

쩌 스 션머

☐ 어떤 물건이 제일 유명합니까?
这儿什么东西最有名?Zhèr shénme dōngxi zuì yǒumíng?

쩔 션머 똥시 쭈이 여우밍

☐ 여기서 어떤 선물을 사는 것이 제일 좋습니까?
在这儿买什么礼物最好?Zài zhèr mǎi shénme lǐwù zuì hǎo?

짜이 쩔 마이 션머 리우 쭈이 하오

☐ 무슨 재료로 만든 겁니까?

用什么做的？Yòng shénme zuò de?

용 션머 쭈어 더

☐ 이 풍속화는 정말 흥미롭군요.

这个风俗画很有意思。Zhège fēngsúhuà hěn yǒu yìsi.

쩌거 펑수화 헌 여우 이스

☐ 도장을 파고 싶습니다.

我想刻图章。Wǒ xiǎng kè túzhāng.

워 시앙 커 투장

☐ 글자체 견본을 보여 주세요.

给我看看字体的样本。Gěi wǒ kànkan zìtǐ de yàngběn.

게이 워 칸칸 쯔티 더 양번

☐ 가장 좋은 먹은 어느 것입니까?

最好的墨是哪种？Zuì hǎo de mò shì nǎzhǒng?

쭈이 하오 더 모 스 나쫑

☐ 이것은 어디서 생산된 물건입니까?

这是哪里的产品？Zhè shì nǎli de chǎnpǐn?

쩌스 나리 더 찬핀

☐ 그림엽서가 있습니까?

有美术明信片没有？Yǒu měishù míngxìnpiàn méiyou?

여우 메이슈 밍씬피엔 메이여우

☐ 몇 장 필요하십니까?

您要几张？Nín yào jǐzhāng?

닌 야오 지짱

쇼핑

04 보석, 악세사리 살 때

Point 1 맞춤 표현

> 상아 귀걸이를 한 세트 사고 싶습니다.
> 我要一副象牙耳坠子。Wǒ yào yífù xiàngyá ěrzhuìzi.
>
> 워 야오 이푸 시앙야 얼쭈이즈

> 그것을 6개 주세요.
> 把这个给我半打吧。Bǎ zhège gěi wǒ bàndá ba.
>
> 바 쩌거 게이 워 빤다 바

> 함께 포장해 주세요.
> 请包在一起。Qǐng bāo zài yì qǐ.
>
> 칭 빠오 짜이 이치

Point 2 유용하게 쓸 수 있는 표현

☐ 이거 순금입니까?

这是纯金的吗?Zhè shì chúnjīn de ma?

쩌 스 춘진 더 마

☐ 보증서 있습니까?

有质量保证书吗?Yǒu zhìliàng bǎozhèngshū ma?

여우 쯔리앙 바오쩡수 마

☐ 이 반지의 소재는 무엇입니까?

这个戒指是用什么做的呢?
Zhège jièzhǐ shì yòng shénme zuò de ne?

쩌거 지에쯔 스 용 션머 쭈어 더 너

- 백금입니다.

  那是白金的。Nà shì báijīn de.

  나 스 바이진 더

- 진주 목걸이를 보여 주세요.

  给我拿出珍珠项琏来看一看吧

  Gěi wǒ náchū zhēnzhū xiàngliàn lái kànyikàn ba.

  게이 워 나추 쩐쭈 시앙리엔 라이 칸이칸 바

- 이것은 무슨 보석입니까?

  这是什么宝石?Zhè shì shénme bǎoshí?

  쩌 스 션머 바오스

- 양말을 보여 주세요.

  给我看一看袜子吧。Gěi wǒ kànyikàn wàzi ba.

  게이 워 칸이칸 와즈 바

- 실크 손수건을 사고 싶습니다.

  我要绸子的手帕儿。Wǒ yào chóuzi de shǒupàr.

  워 야오 초우즈 더 쇼우팔

- 자수가 있는 것이 있습니까?

  有绣花的吗?Yǒu xiùhuā de ma?

  여우 시우후아 더 마

- 다른 게 또 있습니까?

  还有别的吗?Hái yǒu biě de ma?

  하이 여우 비에 더 마

- 모두 3백위엔입니다.

  都是三百块。Dōu shì sānbǎi kuài.

  또우 스 싼바이 콰이

쇼핑

05 신발, 가방, 모자를 살 때

Point 1 맞춤 표현

🡕 가죽구두를 보여 주세요.
请给我看看皮鞋。Qǐng gěi wǒ kànkan píxié.

칭 게이 워 칸칸 피시에

🡕 슬리퍼 있습니까?
有拖鞋吗?Yǒu tuōxié ma?

여우 투오시에 마

🡕 배낭은 없습니까?
请问, 有没有背包?Qǐngwèn, yǒu méiyǒu bèibāo?

칭원   여우 메이여우 뻬이빠오

Point 2 유용하게 쓸 수 있는 표현

☐ 신어봐도 됩니까?
可以试穿吗?Kěyǐ shìchuān ma?

커이 스추안 마

☐ 이건 너무 큽니다.
这个太大。Zhè ge tài dà.

쩌 거 타이 따

☐ 작은 사이즈 주세요.
请给我小号的。Qǐng gěi wǒ xiǎohào de.

칭게이 워 샤오하오 더

166

- 저것을 좀 보여 주세요.

    把那个给我看看。Bǎ nàge gěi wǒ kànkan.

    빠 나거 게이 워 칸칸

- 저 가죽 핸드백을 보여 주세요.

    给我拿出那个皮制手提包来看一看吧。
    Gěi wǒ ná chū nàge pízhì shǒutíbāo lái kànyikàn ba.

    게이 워 나 추 나거 피쯔 쇼우티빠오 라이 칸이칸 바

- 모자 있습니까?

    有帽子没有?Yǒu màozi méi you?

    여우 마오즈 메이여우

- 유행하고 있는 모자를 사고 싶습니다.

    我要时兴的帽子。Wǒ yào shíxīng de màozi.

    워 야오 스싱 더 마오즈

- 구두를 고쳐 주세요.

    把这双鞋给我修理一下吧。Bǎ zhè shuāngxié gěi wǒ xiūli yíxià ba.

    바 쩌 쑤앙시에 게이 워 시우리 이시아 바

- 이걸 좀 수선해 주세요.

    把这个给修理修理吧。Bǎ zhège gěi xiūlixiūli ba.

    바 쩌거 게이 시우리시우리 바

- 언제까지 마칠 수 있습니까?

    什么时候能修理好呢?Shénme shíhou néng xiūli hǎo ne?

    션머 스호우 넝 시우리 하오 너

167

쇼핑

06 옷 살 때, 옷 맞출 때

Point 1 맞춤 표현

🔖 이것은 지금 유행하고 있습니다.
这种现在流行。 Zhè zhǒng xiànzài hěn liúxíng.

쩌 종 씨엔짜이 헌 리우싱

🔖 입어 봐도 됩니까?
可以试吗? Kěyǐ shì ma?

커이 스 마

🔖 다른 색은 없습니까?
有别的颜色的吗? Yǒu biéde yánsè de ma?

여우 비에더 옌써 더 마

Point 2 유용하게 쓸 수 있는 표현

☐ 오버코트 있습니까?
有大衣没有? Yǒu dàyī méiyou?

여우 따이 메이여우

☐ 차이나 드레스를 좀 보여 주세요.
给我看一看旗袍吧。 Gěi wǒ kànyikàn qípáo ba.

게이 워 칸이칸 치파오 바

☐ 어느 것이 인기가 있습니까?
哪种受欢迎? Nǎ zhǒng shòu huānyíng?

나 종 쇼우 후안잉

168

□ 이것은 너무 큽니다.
这件太大了。Zhè jiàn tài dà le.

쩌 지엔 타이 따 러

□ 이건 치수가 어떻게 됩니까?
这是多少尺寸?Zhè shì duōshǎo chǐcun?

쩌 스 뚜어사오 츠춘

□ 좀 더 작은 것은 없습니까?
有小一点儿的吗?Yǒu xiǎo yìdiǎnr de ma?

여우 시아 이디얼 더 마

□ 더 밝은 것이 좋겠습니다.
我喜欢浅一点儿颜色的。Wǒ xǐhuān qiǎn yìdiǎnr yánsè de.

워 시환 치엔 이디얼 옌써 더

□ 저것을 좀 보여 주세요.
给我拿那个来看一看。Gěi wǒ ná nàge lái kànyikàn.

게이 워 나 나거 라이 칸이칸

□ 이것은 면입니까?
这是棉的吗?Zhè shì miánde ma?

쩌스 미엔더 마

□ 아뇨, 그건 비단입니다.
不，那个绸子的。Bù, nàge chōuzi de.

뿌 나거 초우즈 더

□ 이것을 사겠습니다.
我要买这个。Wǒ yào mǎi zhège.

워 야오 마이 쩌거

쇼핑

07 차, 한약, 화장품 살 때

Point 1 맞춤 표현

↗ 룽징차 5백그램 주세요.
请给我五百克龙井茶。Qǐng gěi wǒ wǔbǎi kè lóngjǐngchá.

칭 게이 워 우바이 커 룽징차

↗ 견본을 좀 보여 주세요.
给我看一看几种样品吧。Gěi wǒ kànyikàn jǐzhǒng yàngpǐn ba.

게이 워 칸이칸 지종 양핀 바

↗ 외제 화장비누 주세요.
我要买外国制的香皂。Wǒ yào mǎi wàiguózhì de xiāngzào.

워 야오 마이 와이구어쯔 더 시앙자오

Point 2 유용하게 쓸 수 있는 표현

☐ 어디에서 차잎을 팝니까?

哪儿有买茶叶?Nǎr yǒu mǎi cháyè?

날 여우 마이 차예

☐ 재스민차 있습니까?

有没有茉莉花茶?Yǒu méiyǒu mòlìhuā chá?

여우 메이여우 모리후아 차

☐ 이 차잎은 뭐라고 합니까?

这种茶叶叫什么?Zhè zhǒng cháyè jiào shénme?

쩌 종 차예 지아오 션머

☐ 차잎 1킬로그램에 얼마입니까?

一公斤茶叶多少钱? Yìgōngjīn cháyè duōshǎo qián?

이꽁진 차예 뚜어샤오 치엔

☐ 여기에서 한약재를 팝니까?

这儿卖中药的吗? Zhèr mài zhōngyào de ma?

쩔 마이 종야오 더 마

☐ 신경통 약을 사려고 합니다.

我想买神经痛的药。 Wǒ xiǎng mǎi shénjīngtòng de yào.

워 시앙 마이 션징통 더 야오

☐ 복용법을 말해 주세요.

请告诉我吃法。 Qǐng gàosu wǒ chīfǎ.

칭 까오수 워 츠파

☐ 이건 일제 비누입니까?

这是日本香皂吗? Zhè shì Rìběn xiāngzào ma?

쩌 스 르번 시앙자오 마

☐ 영양크림 있습니까?

有美容霜没有? Yǒu měiróng shuāng méiyou?

여우 메이롱 수앙 메이여우

☐ 같은 립스틱 6개 주세요.

要六个一样的口红。 Yào liùge yíyàng de kǒuhóng.

야오 리우거 이양 더 커우홍

☐ 따로따로 포장해 주세요.

请分开包装。 Qǐng fēnkāi bāozhuāng.

칭 펀카이 빠오 쭈앙

쇼핑

08 계산, 교환, 포장

Point 1 맞춤 표현

▸ 여행자 수표 받습니까?
旅行支票能用吗? Lǚxíngzhīpiào néng yòng ma?

뤼싱쯔피아오 넝 용 마

▸ 교환해 줄 수 있습니까?
能换一下吗? Néng huàn yíxià ma?

넝 후안 이씨아 마

▸ 영수증을 부탁합니다.
请给我开张发票。 Qǐng gěi wǒ kāi zhāng fāpiào.

칭 게이 워 카이 짱 파피아오

Point 2 유용하게 쓸 수 있는 표현

☐ 계산은 어디에서 합니까?

在哪儿交钱? Zài nǎr jiāoqián?

짜이 날 지아오치엔

☐ 신용카드 받습니까?

能用信用卡吗? Néng yòng xìnyòngkǎ ma?

넝 용 신용카 마

☐ 영수증이 필요합니까?

要发票吗? Yào fāpiào ma?

야오 파피아오 마

□ 미안합니다. 거스름돈이 없습니다.
对不起。我没有零的。Duìbuqǐ. Wǒ méiyǒu líng de.

뚜이부치   워 메이여우 링 더

□ 거스름돈이 틀립니다.
你找错钱了。Nǐ zhǎo cuò qián le.

니 자오 추오 치엔 러

□ 그것은 파손되어 있습니다.
那是坏的。Nà shì huài de.

나스 후아이 더

□ 다른 색으로 바꾸고 싶습니다.
我想换别的颜色。Wǒ xiǎng huàn bié de yánsè.

워 시앙 후안 비에 더 옌써

□ 환불해 줄 수 있습니까?
可以退钱吗?Kěyǐ tuìqián ma?

커이 투이치엔 마

□ 그것을 이 주소로 보내 주세요.
请你们把它给送到这个收货人的地址吧。
Qǐng nǐmen bǎ tā gěi sòngdao zhège shōuhuòrén de dìzhǐ ba.

칭 니먼 바 타 게이 쏭따오 쩌거 쇼우후오런 더 띠쯔 바

□ 그것을 잘 포장해 주세요.
请你好好儿包装起来吧。Qǐng nǐ hǎohaor bāozhuāng qilai ba.

칭 니 하오하올 빠오쭈앙 치라이 바

□ 배달시에 돈을 드리겠습니다.
送到的时候付钱。Sòngdao de shíhou fù qián.

쏭따오 더 스호 푸 치엔

유용하게 쓸 수 있는 단어

☐ 百货公司 bǎihuò gōngsī	바이후오 꽁쓰	백화점
☐ 售货员 shòuhuòyuán	쇼우후오위엔	점원
☐ 卖 mài	마이	팔다
☐ 买 mǎi	마이	사다
☐ 定价 dìngjià	띵지아	정가
☐ 价钱 jiàqián	지아치엔	가격
☐ 质量 zhìliàng	쯔리앙	품질
☐ 颜色 yánsè	옌써	색
☐ 爱好 àihào	아이하오	좋아함
☐ 大小 dàxiǎo	따시아오	크기
☐ 尺寸 chǐcun	츠춘	치수
☐ 礼品 lǐpǐn	리핀	선물
☐ 土产 tǔchǎn	투찬	특산품
☐ 现成的 xiànchéng de	시엔청더	기성품의
☐ 定做的 dìngzuò de	띵쭈오더	맞춤의
☐ 衣服 yīfu	이푸	의복
☐ 布料 bùliào	뿌리아오	재질
☐ 呢绒 níróng	니롱	모직물
☐ 丝绸 sīchóu	스초우	실크
☐ 棉 mián	미엔	면
☐ 尼龙 nílóng	니롱	나일론
☐ 上衣 shàngyī	샹이	상의
☐ 裤子 kùzi	쿠즈	바지
☐ 衬衣 chènyī	천이	셔츠
☐ 洋货 yánghuò	양후오	서양상품, 외래품
☐ 领带 lǐngdài	링따이	넥타이

유용하게 쓸 수 있는 단어

중국어	발음	한국어
☐ 手帕 shǒupà	쇼우파	손수건
☐ 袜子 wàzi	와즈	양말
☐ 鞋 xié	시에	구두
☐ 钱包 qiánbāo	치엔빠오	돈지갑
☐ 票夹子 piàojiāzi	피아오지아즈	지갑
☐ 眼镜 yǎnjìng	옌징	안경
☐ 手提包 shǒutíbāo	쇼우티빠오	핸드백
☐ 杂货 záhuò	자후오	잡화
☐ 香烟 xiāngyān	시앙옌	담배
☐ 洋火 yánghuǒ	양후오	성냥
☐ 毛巾 máojīn	마오진	타올
☐ 香皂 xiāngzào	시앙자오	비누
☐ 牙刷子 yáshuāzi	야수아즈	칫솔
☐ 牙膏 yágāo	야까오	치약
☐ 镜子 jìngzi	찡즈	거울
☐ 梳子 shūzi	수즈	빗
☐ 钟表 zhōngbiǎo	쭁비아오	시계
☐ 手表 shǒubiǎo	쇼우비아오	손목시계
☐ 照相机 zhàoxiàngjī	짜오시앙지	카메라
☐ 电视机 diànshìjī	띠엔스지	텔레비전
☐ 电脑 diànnǎo	띠엔나오	컴퓨터
☐ 电冰箱 diànbīngxiāng	띠엔빙시앙	냉장고
☐ 手机 shǒujī	쇼우지	휴대전화
☐ 收音机 shōuyīnjī	쇼우인지	라디오
☐ 录音机 lùyīnjī	루인지	테이프레코더
☐ 玩具 wánjù	완쥐	완구

유용하게 쓸 수 있는 단어

☐ 书 shū	수	책
☐ 辞典 cídiǎn	츠디엔	사전
☐ 报纸 bàozhǐ	빠오즈	신문
☐ 杂志 zázhì	자쯔	잡지
☐ 菜 cǎi	차이	야채
☐ 水果 shuǐguǒ	수이구어	과일
☐ 点心 diǎnxīn	디엔신	과자
☐ 糖 táng	탕	설탕
☐ 中药 zhōngyào	쫑야오	한방약
☐ 蜂王浆 fēngwángjiāng	펑왕지앙	로얄제리
☐ 熊胆 xióngdǎn	시옹단	웅담
☐ 鹿茸 lùróng	루롱	녹용
☐ 香烟 xiāngyān	시앙옌	담배
☐ (手)工艺品 (shǒu)gōngyìpǐn	(쇼우)꽁이핀	수공예품
☐ 宝石 bǎoshí	바오쓰	보석
☐ 古玩 gǔwán	구완	골동품
☐ 画儿 huàr	후알	회화
☐ 翡翠 fěicuì	페이추이	비취
☐ 茶杯 chábēi	차뻬이	찻잔
☐ 瓷器 cíqì	츠치	도자기
☐ 漆器 qīqì	치치	칠기
☐ 毛笔 máobǐ	마오비	붓
☐ 墨 mò / 砚台 yàntai	모 / 옌타이	먹/벼루
☐ 印章 yìnzhāng	인쟝	도장
☐ 收据 shōujù	쇼우쥐	영수증

관광

초간단 필수 표현과 여행정보
1. 관광안내소에서
2. 길 안내
3. 관광
4. 사진
5. 박물관, 미술관
6. 연극, 영화
유용하게 쓸 수 있는 단어

초간단 필수 표현과 여행정보

● 이 근처에 ~가 있습니까?

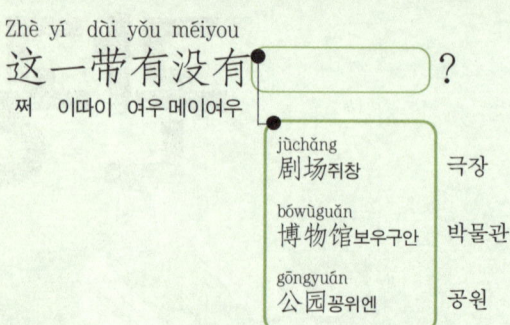

Zhè yí dài yǒu méiyou
这一带有没有 [　　　　　]?
쩌 이따이 여우 메이여우

jùchǎng
剧场 쥐창 — 극장

bówùguǎn
博物馆 보우구안 — 박물관

gōngyuán
公园 꽁위엔 — 공원

중국의 엔터테인먼트

관광명소

　관광지를 구경하기 위해서는 표를 구입해서 들어가야 합니다. 외국인인 경우에는 대부분 중국인과 다른 요금을 적용하고 있습니다. 또한 명소의 정문을 들어섰다 하더라도 명소 곳곳에 칸막이를 해놓고 따로 요금을 징수하는 일이 허다합니다. 대표적인 여행코스는 이름난 명소를 중심으로 돌아보는 약 10여일 정도의 코스로 베이징, 상하이, 구이린, 시안, 항저우, 쑤저우 등을 돌아보는 일정입니다.

　중국의 손꼽히는 관광명소로는 베이징의 만리장성, 베이징의 구꿍박물관, 자금성, 구이린, 안후이의 황산, 창강의 삼협 유람, 항저우의 서호, 시안의 진시황 병마용, 청더의 피서산장 등이 있습니다.

경극

　경극은 대략 1830년대 청나라 견륭제 때에 여러가지 지방극이 베이징에서 융합되어 발전한 것으로 150여년의 역사를 가지고 있습니다. 경극은 일종의 종합무대예술로 중국의 전통적인 음악, 노래, 낭독, 춤, 서커스, 무술 등을 융합시킨 것입니다. 공연은 1시간 내외로 비교적 짧고 10분마다 무대와 내용이 바뀌면서 전개되어 지루하지 않습니다. 표는 당일 극장 창구에서 구입하거나 중국국제여행사(CITS, China International Travel Service)나 호텔에서도 예매할 수 있습니다.

잡기

　중국에서는 '짜지(杂技)'라고 부르는데 1~3인이 간단한 도구를 사용하여 공연

입장권 ~장 주세요.

Mǎi zhāng
买 ○ 张。
마이 　 　 짱

관련표현
- 얼마입니까?
  多少钱? Duōshǎo qián?
  뚜어사오 치엔

▲ 구꿍의 누각

하는 것이 특징으로 마술, 곡마, 묘기 등 여러가지 다양한 기예들을 집대성한 중국 고유의 전통예술입니다.

영화

영화 정보는 그 지방 신문에서 얻을 수 있는데 일면의 한쪽에 각 영화관의 상영 시간이 게재되어 있습니다. 표는 각 극장 매표소에서 예매할 수 있지만 발매와 동시에 매진되는 경우가 많아 극장 앞에서 암표상이 암표를 팔고 있는데 가격은 원 가격의 2배 정도입니다.

골프

베이징에는 현재 골프장이 3개 있지만 손님이 적어 저렴한 가격으로 이용할 수 있습니다. 이용자는 대부분 외국인들이지만 당 간부와 중국인 부자들도 자주 찾는 편입니다.

노래방(卡拉OK)

대도시는 말할 것도 없고 서쪽 끝 카스카르나 남쪽의 소수민족 마을에도 한두 개쯤은 있는 것이 노래방일 정도로 큰 인기를 끌고 있습니다. 물론 경제수준에 따라 노래 반주기 하나 달랑 놓고 새끼줄을 둘러치고 손님을 맞는 곳도 있긴 하지만 대단한 인기를 누리고 있습니다.

관광

01 관광안내쇼에서

Point 1 맞춤 표현

어떤 명소나 유적이 있습니까?
有什么名胜古迹? Yǒu shénme míngshènggǔjì?
여우 선머 밍성구지

어느 거리가 가장 번화합니까?
哪条街最热闹? Nǎ tiáojiē zuì rènào?
나 티아오지에 쭈이 러나오

시내지도 한 장 주세요.
请给我一张市内地图。Qǐng gěiwǒ yìzhāng shìnèi dìtú.
칭 게이 워 이짱 쓰네이 띠투

Point 2 유용하게 쓸 수 있는 표현

□ 우리는 도시를 관광하고 싶습니다.
我们要到街上去逛一逛。Wǒmen yào dào jiēshang qù guàngyiguàng.
워먼 야오 따오 지에상 꾸앙이꾸앙

□ 오늘 밤 우리에게 도시를 안내해 주실 수 있습니까?
今天晚上, 你可以领我们到街上去逛一逛吗?
Jīntiān wǎnshang, nǐ kěyǐ lǐng wǒmen dào jiēshang qù guàngyiguàng ma?
진티엔 완상   니 커이 링 워먼 따오 지에상 취 꾸앙이꾸앙 마

□ 이곳의 안내서를 보여 주세요.
给我看看这里的游览手册吧。Gěi wǒ kànyikàn zhèlǐ de yóulǎn shǒucè ba.
게이 워 칸칸 쩌리 더 여우란 쇼우처 바

☐ 거기에는 어떤 재미있는 것이 있습니까?

那里有什么有意思的东西? Nàli yǒu shénme yǒuyìsi de dōngxi?

나리 여우 션머 여우이쓰 더 똥시

☐ 베이징에는 가볼만한 좋은 곳이 있습니까?

北京有哪些好玩儿的地方? Běijīng yǒu nǎ xiē hǎo wánr de dìfang?

베이징 여우 나 시에 하오 왈 더 띠팡

☐ 베이징에 오면 어디를 꼭 봐야 합니까?

来到北京应该去哪些地方? Lái dào Běijīng yīnggāi qù nǎxiē dìfang?

라이 따오 베이징 잉까이 취 나시에 띠팡

☐ 이 도시에는 어떤 유명한 요리점이 있습니까?

这个地方有哪些名菜馆? Zhège dìfang yǒu nǎxiē míng cài guǎn?

쩌거 띠팡 여우 나시에 밍 차이구안

☐ 이 지방에는 좋은 호텔은 없습니까?

这个地方有没有好饭店? Zhège dìfang yǒu méiyou hǎo fàndiàn?

쩌거 띠팡 여우 메이여우 하오 판디엔

☐ 반나절밖에 시간이 없는데 어디를 가보는 것이 좋습니까?

只有半天时间, 去哪儿好? Zhǐ yǒu bàntiān shíjiān qù nǎr hǎo?

쯔 여우 빤티엔 스지엔 취 날 하오

☐ 버스로 왕복 얼마나 걸립니까?

座公共汽车, 来回要多长时间?
Zuò gōnggòng qìchē, lái huí yào duōcháng shíjiān?

쭈어 꽁공 치처　　　　라이 후이 야오 뚜어창 스지엔

☐ 교통은 편리합니까?

交通方便吗? Jiāotōng fāngbiàn ma?

지아오통 팡비엔 마

관광

민근 길 안내

Point 1 맞춤 표현

🔖 톈안먼에 가는 길을 가르쳐 주세요.
请告诉我到天安门去的路。Qǐng gàosu wǒ dào Tiān'ānmén qù de lù.
칭 까오수 워 따오 티엔안먼 취 더 루

🔖 말 좀 묻겠습니다, 이 길로 가면 어디가 나옵니까?
请问, 这条马路是通到哪里的?
Qǐngwèn, zhè tiáomǎlù shì tōng dào nǎli de?
칭원   쩌 티아오마루 스 통 따오 나리 더

🔖 약도를 그려 주시겠어요?
画一张略图好吗?Huà yìzhāng lüètú hǎo ma?
후아 이장 뤼에투 하오 마

Point 2 유용하게 쓸 수 있는 표현

☐ 미안하지만 길 좀 묻겠습니다.
麻烦你, 问一下路。Máfan nǐ, wèn yíxià lù.
마판 니   원 이시아 루

☐ 이 거리 이름은 무엇입니까?
这条街的街名叫什么?Zhè tiáojiē de jiēmíng jiào shénme?
쩌 티아오지에 더 지에밍 지아오 선머

☐ 여기는 왕푸징거리입니다.
这是王府井大街。Zhè shì Wángfǔjǐng dàjiē.
쩌 스 왕푸징 따지에

☐ 이 근처에서 전차를 탈 수 있습니까?

在这附近有电车可以坐吗? Zài zhè fùjìn yǒu diànchē kěyǐ zuò ma?

짜이 쩌 푸진 여우 띠엔처 커이 쭈오 마

☐ 지하철로 왕푸징에 갈 수 있습니까?

坐地铁，可以到王府井去吗? Zuò dìtiě, kěyǐ dào Wángfǔjǐng qù ma?

쭈오 띠티에   커이 따오 왕푸징 취 마

☐ 이 길이 베이하이 공원으로 가는 길입니까?

这是通到北海公园的路吗? Zhè shì tōngdào Běihǎi gōngyuán de lù ma?

쩌 스 통따오 베이하이 꿍위엔 더 루 마

☐ 이 길을 따라 가세요.

请从这条路走吧。 Qǐng cóng zhè tiáolù zǒu ba.

칭 총 쩌 티아오루 조우 바

☐ 똑바로 가서 왼쪽으로 가세요.

一直走往左拐吧。 Yìzhí zǒu wǎng zuǒ guǎi ba.

이즈 조우 왕 주오 과이 바

☐ 걸어서 갈 수 있습니까?

可以走着去吗? Kěyǐ zǒuzhe qù ma?

커이 조우져 취 마

☐ 저는 길을 잃었습니다.

我迷路了。 Wǒ mí lù le.

워 미 루 러

▲ 베이하이 공원

☐ 이 지도에서 길을 가르쳐 주시겠습니까?

请你这张地图上给我指出路线来吧?
Qǐng nǐ zhè zhāng dìtú shang gěi wǒ zhǐchū lù xiàn lái ba?

칭 니 쩌 장 띠투 상 게이 워 쯔추 루 시엔 라이 바

관광

03 관광

Point 1 맞춤 표현

🢅 만리장성으로 가는 관광에 참가하고 싶습니다.
我想参加去长城的旅游。
Wǒ xiǎng cānjiā qù Chángchéng de lǚyóu.

워 시앙 찬지아 취 창청 더 뤼여우

🢅 몇 시에 모입니까?
几点集合?Jǐdiǎn jíhé?

지디엔 지허

▲ 만리장성

🢅 몇 시에 호텔로 돌아옵니까?
几点回饭店来?Jǐdiǎn huí fàndiàn lái?

지디엔 후이 판디엔 라이

Point 2 유용하게 쓸 수 있는 표현

☐ 이 건물은 무엇입니까?
这建筑物是什么?Zhè jiànzhùwù shì shénme?

쩌 지엔쭈우 스 썬머

☐ 좀 들어가 봐도 되겠습니까?
进去看看可以吗?Jìn qù kànkàn kěyǐ ma?

진 취 칸칸 커이 마

☐ 시내 1일 관광이 있습니까?
有市内一日游吗?Yǒu shìnèi yírì yóu ma?

여우 스네이 이르 여우 마

184

- [ ] 한국어 가이드가 딸린 단체여행 있습니까?

    有带韩国语导游的团吗? Yǒu dài Hánguóyǔ dǎoyóu de tuán ma?

    여우 따이 한구어 위 다오 여우 더 투안 마

- [ ] 그곳에 갔다오는데는 얼마나 시간이 걸립니까?

    到那里去来回得用多长时间? Dào nàli qù láihuí děi yòng duōcháng shíjiān?

    따오 나리 취 라이후이 데이 용 뚜어창 스지엔

- [ ] 얼마나 떨어져 있습니까?

    离这里有多远? Lí zhèli yǒu duō yuǎn?

    리 쩌리 여우 뚜어 위엔

- [ ] 비용은 얼마나 듭니까?

    费用需要多少钱? Fèiyòng xūyào duōshǎo qián?

    페이용 쉬야오 뚜어샤오 치엔

- [ ] 자동차를 빌릴 수 있습니까?

    能雇汽车吗? Néng gù qìchē ma?

    넝 꾸 치처 마

- [ ] 관광에 시간을 정해서 차를 빌릴 수 있습니까?

    能不能按时间包下一辆汽车来游览呢? Néng bu néng àn shíjiān bāoxia yíliàng qìchē lái yóulǎn ne?

    넝 뿌넝 안 스지엔 빠오시아 이리앙 치처 라이 여우란 너

- [ ] 우린 10시까지는 돌아가야 해요.

    我们至晚在十点以前要回去。 Wǒmen zhì wǎn zài shídiǎn yǐqián yào huí qu.

    워먼 쯔 완 짜이 스디엔 이치엔 야오 후이 취

- [ ] 내 짐을 맡아 주시겠습니까?

    可以把行李寄放在这里吗? Kěyǐ bǎ xíngli jìfàng zài zhèli ma?

    커이 바 싱리 지팡 짜이 쩌리 마

관광

04 사진

Point 1 맞춤 표현

▲ 여기서 사진을 찍어도 됩니까?
在这里可以照相吗? Zài zhèli kěyǐ zhàoxiàng ma?

짜이 쩌리 커이 짜오시앙 마

▲ 사진을 찍어 주세요.
给我照一张像吧。 Gěi wǒ zhào yìzhāng xiàng ba.

게이 워 짜오 이짱 시앙 바

▲ 비디오를 찍어도 됩니까?
可以录象吗? Kěyǐ lùxiàng ma?

커이 루시앙 마

Point 2 유용하게 쓸 수 있는 표현

□ 우리 함께 사진을 찍어요.
我们一起照相吧。 Wǒmen yìqǐ zhàoxiàng ba.

워먼 이치 짜오시앙 바

□ 우리 사진을 좀 찍어 줄 수 있습니까?
请你帮我们照相好吗? Qǐng nǐ bāng wǒmen zhàoxiàng hǎo ma?

칭 니 빵 워먼 짜오시앙 하오 마

□ 이 셔터 좀 눌러 주시겠어요?
帮我按一下快门儿好吗? Bāng wǒ àn yíxià kuàiménr hǎo ma?

빵 워 안 이시아 콰이멀 하오 마

- [ ] 여길 누르면 됩니다.

    按这儿就行。 àn zhèr jiùxíng.

    안 쩔 지우씽

- [ ] 웃으세요.

    笑一笑。 Xiàoyixiào.

    시아오이시아오

▲ 구이린

- [ ] 칼라필름 있습니까?

    有彩色胶卷儿吗? Yǒu cǎisè jiāojuǎnr ma?

    여우 차이써 지아오쥐얼 마

- [ ] 이 필름을 현상해서 인화해 주십시오.

    请冲洗一下这个胶卷儿。 Qǐng chōng xǐ yíxià zhège jiāojuǎnr.

    칭 총 시 이시아 쩌거 지아오쥐얼

- [ ] 인화는 얼마입니까?

    加洗是多少钱? Jiāxǐ shì duōshǎo qián?

    지아시 스 뚜어샤오치엔

- [ ] 사진은 언제 됩니까?

    像片得什么时候才洗出来呢? Xiàngpiàn děi shénme shíhou cái xǐchu lái ne?

    시앙피엔 데이 션머 스호우 차이 시추 라이 너

- [ ] 완성된 사진을 우편으로 보내 주세요. 이것이 주소입니다.

    请把洗好的照片, 送给我吧。 这就是地址。
    Qǐng bǎ xǐhǎo de zhàopiàn, sòng gěi wǒ ba. Zhè jiù shì dìzhǐ.

    칭 바 시하오 더 짜오피엔   쑹 게이 워 바   쩌 지우 스 띠쯔

관광

05 박물관, 미술관

Point 1 맞춤 표현

🡥 오늘 표 있습니까?
有当天票吗?Yǒu dāngtiān piào ma?

여우 땅티엔 피아오 마

🡥 어른 4장 주세요.
买四张大人票。Mǎi sì zhāng dàrén piào.

마이 쓰 장 따런 피아오

🡥 카메라를 갖고 들어 가도 됩니까?
可不可以带相机?Kěbukěyǐ dài xiàngjī?

커부커이 따이 시앙지

Point 2 유용하게 쓸 수 있는 표현

☐ 라오 베이징을 보고 싶습니다.

我想看看老北京。Wǒ xiǎng kànkan Lǎo Běijīng.

워 시앙 칸칸 라오 베이징

☐ 말 좀 묻겠습니다, 미술관은 어디 있습니까?

请问, 美术馆在哪儿?Qǐngwèn, měishùguǎn zài nǎr?

칭원   메이수구안 짜이 날

☐ 이쪽으로 가면 박물관이 나옵니까?

走这儿能到博物馆吗?Zǒu zhèr néng dào bówùguǎn ma?

조우 쩔 넝 따오 보우구안 마

□ 몇 시에 닫습니까(엽니까)?
　几点闭(开)馆? Jǐ diǎn bì(kāi)guǎn?

지 디엔 삐(카이)구안

□ 무슨 요일에 휴관합니까?
　星期几休息? Xīngqī jǐ xiūxi?

싱치 지 시우시

▲ 상하이 남경로

□ 내일 식물원 여는 날입니까?
　明天植物园开馆吗? Míngtiān zhíwùyuán kāiguǎn ma?

밍티엔 쯔우위엔 카이구안 마

□ 박물관 표는 어디에서 삽니까?
　在哪儿买博物馆票? Zài nǎr mǎi bówùguǎn piào?

짜이 날 마이 보우구안 피아오

□ 입장료는 얼마입니까?
　门票多少钱? Ménpiào duōshao qián?

먼피아오 뚜어샤오 치엔

□ 표는 한 장에 얼마입니까?
　票多少钱一张? Piào duōshǎo qián yìzhāng?

피아오 뚜어샤오 치엔 이장

□ 어린이 2장 주세요.
　买两张儿童票。 Mǎi liǎngzhāng értóng piào.

마이 량장 얼퉁 피아오

□ 한국어로 소개된 안내책자 있습니까?
　有韩文介绍的说明书吗? Yǒu Hánwén jièshào de shuōmíngshū ma?

여우 한원 지에샤오 더 수오밍수 마

관광

06 연극, 영화

Point 1 맞춤 표현

지금 무엇을 공연하고 있나요?
现在演什么呢?Xiànzài yǎn shénme ne?

시엔짜이 옌 션머 너

한국어로 된 안내서를 주세요.
我要一份韩文剧情说明书。Wǒ yào yífèn Hánwén jùqíng shuōmíngshū.

워 야오 이편 한원 쥐칭 수오밍수

1등석 3장 주세요.
给我三张头等票吧。Gěi wǒ sānzhāng tóuděng piào ba.

게이 워 싼장 토우덩 피아오 바

Point 2 유용하게 쓸 수 있는 표현

□ 여기서 가장 가까운 극장을 하나 가르쳐 주세요.
请告诉我离这里最近的一个剧场吧。
Qǐng gàosu wǒ lí zhèli zuìjìn de yíge jùchǎng ba.

칭 까오수 워 리 쩌리 쭈이진 더 이거 쥐창 바

□ 경극은 어디에서 공연하고 있습니까?
什么地方演京剧?Shénme dìfang yǎn Jīngjù?

션머 띠팡 옌 징쥐

□ 몇 시에 시작합니까?
几点开演?Jǐ diǎn kāiyǎn?

지 디엔 카이옌

- [ ] 프로그램 1장 주세요.

  请给我一张节目单。Qǐng gěi wǒ yìzhāng jiémùdān.

  칭 게이 워 이장 지에무딴

- [ ] 가장 좋은 영화관은 어디 있습니까?

  最好的电影院在哪里呢?Zuì hǎo de diànyǐngyuàn zài nǎli ne?

  쭈이 하오 더 띠엔잉위엔 짜이 나리 너

- [ ] 여기에서 가깝습니까?

  离这里近不近?Lí zhèli jìnbujìn?

  리 쩌리 진뿌진

- [ ] 외국 영화를 볼 수 있습니까?

  能看外国片吗?Néng kàn wàiguópiān ma?

  넝 칸 와이구어피엔 마

- [ ] 리위엔극장은 몇 시에 시작합니까?

  梨园剧场几点钟开演?Líyuán jùchǎng jǐdiǎn zhōng kāiyǎn?

  리위엔쥐창 지디엔 쫑 카이옌

- [ ] 5시에 시작됩니다.

  五点钟开演。Wǔdiǎn zhōng kāiyǎn.

  우디엔 쫑 카이옌

- [ ] 입장권은 얼마입니까?

  票, 要多少钱?Piào, yào duōshǎo qián?

  피아오 야오 뚜어샤오 치엔

- [ ] 안내인에게 한국어 프로그램을 달라고 하세요.

  你跟服务员要一份韩文节目单吧。Nǐ gēn fúwùyuán yào yífèn Hánwén jiémùdān ba.

  니 껀 푸우위엔 야오 이펀 한원 지에무딴 바

유용하게 쓸 수 있는 단어

☐ 观光 guānguāng	꾸안꾸앙	관광
☐ 旅客 lǚkè	뤼커	관광객
☐ 观光(巴士)车 guānguāng(bāshì)chē	꾸안꾸앙(빠스)처	관광버스
☐ 观光船 guānguāngchuán	꾸안꾸앙추앙	관광선
☐ 名胜 míngshèng	밍성	명승
☐ 古迹 gǔjì	구지	고적
☐ 节日 jiérì	지에르	축제일
☐ 公众假期 gōngzhòngjiàqī	꽁쭝지아치	공휴일
☐ 全日游览 quánrìyóulǎn	취엔르여우란	전일관광
☐ 半日游览 bànrìyóulǎn	빤르여우란	반일관광
☐ 夜间游览 yèjiānyóulǎn	예지엔여우란	야간관광
☐ 旅行团 lǚxíngtuán	뤼싱투안	단체여행
☐ 门票费 ménpiàofèi	먼피아오페이	입장료
☐ 旅游指南 lǚyóuzhǐnán	뤼여우쯔난	가이드북
☐ 门票 ménpiào / 票 piào	먼피아오 / 피아오	입장권
☐ 大人 dàrén	따런	어른
☐ 小孩 xiǎhái	시아오하이	어린이
☐ 上午 shàngwǔ	샹우	오전
☐ 下午 xiàwǔ	시아우	오후
☐ 中心地 zhōngxīndì	쫑씬띠	중심지
☐ 公园 gōngyuán	꽁위엔	공원
☐ 动物园 dòngwùyuán	똥우위엔	동물원
☐ 剧场 jùchǎng	쥐창	극장
☐ 电影院 diànyǐngyuàn	띠엔잉위엔	영화관
☐ 音乐堂 yīnyuètáng	인위에탕	음악당
☐ 博物馆 bówùguǎn	보우구안	박물관

유용하게 쓸 수 있는 단어

☐ 入口 rùkǒu	루커우	입구
☐ 出口 chūkǒu	추커우	출구
☐ 俱乐部 jùlèbù	쥐러뿌	클럽
☐ 图书馆 túshūguǎn	투슈구안	도서관
☐ 学校 xuéxiào	수에시아오	학교
☐ 吸烟室 xīyānshì	시옌스	흡연실
☐ 休息室 xiūxishì	시우시스	휴게실
☐ 郊外 jiāowài	지아오와이	교외
☐ 海岸 hǎiàn	하이안	해안
☐ 岛 dǎo	다오	섬
☐ 半岛 bàndǎo	빤다오	반도
☐ 丘 qiū	치우	언덕
☐ 温泉 wēnquán	워취엔	온천
☐ 沙漠 shāmò	샤모	사막
☐ 海 hǎi	하이	바다
☐ 河 hé	허	강
☐ 湖 hú	후	호수
☐ 寺庙 sìmiào	쓰미아오	절
☐ 桥 qiáo	치아오	다리
☐ 森林 sēnlín	썬린	숲
☐ 花园 huāyuán	후아위엔	정원
☐ 看杂技 kànzájì	칸자지	서커스를 보다
☐ 看京剧 kànjīngjù	칸징쥐	경극을 보다
☐ 看活剧 kànhuójù	칸후어쥐	활극을 보다
☐ 传统音乐 chuántǒngyīnyuè	추안통인위에	전통음악
☐ 主角 zhǔjué	쭈주에	주연

유용하게 쓸 수 있는 단어

☐ 表演 biǎoyǎn	비아오옌	공연하다
☐ 美容院 měiróngyuàn	메이롱위엔	미용실
☐ 桑拿 sāngná	쌍나	사우나
☐ 咖啡厅 kāfēitīng	카페이팅	커피숍
☐ 酒吧 jiǔbā	지우빠	바
☐ 卡拉OK kǎlāōukě	카라오우커	가라오케
☐ 迪斯科 dísīkē	디쓰크어	디스코
☐ 禁止进入 jìnzhǐjìnrù	진쯔진루	진입금지

▲ 톈탄공원 기년전

긴급상황

초간단 필수 표현과 여행정보
1. 분실, 도난
2. 몸이 아플 때
3. 병원
4. 약국
유용하게 쓸 수 있는 단어

초간단 필수 표현과 여행정보

● ~을 주세요.

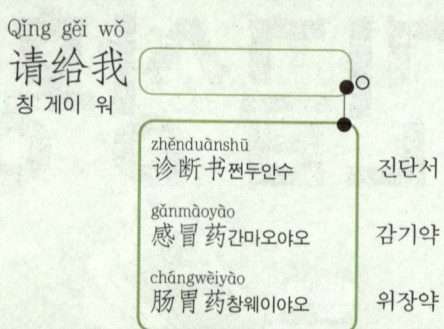

请给我 (Qǐng gěi wǒ) 칭 게이 워

- 诊断书 (zhěnduànshū) 쩐두안수 — 진단서
- 感冒药 (gǎnmàoyào) 간마오야오 — 감기약
- 肠胃药 (chángwèiyào) 창웨이야오 — 위장약

긴급상황시 대처요령 및 주요 현지 연락처, 전화번호

여권을 잃어버렸을 때
빨리 한국대사관이나 영사관에 연락해서 재발급 절차를 밟습니다. 재발급에는 ① 여권번호 ② 발행연월일 ③ 여권용 사진 2매 ④ 현지 공안국에서 발행한 여권 분실 증명서가 필요하고 여권 재발급에는 보통 1달 정도 걸립니다.

항공권을 잃어버렸을 때
공안국에 가서 분실 또는 도난 증명서를 발급받은 다음 항공권을 발급해준 항공사의 현지 지점으로 가서 분실사유서와 무상대체 항공권 발행의뢰 신청서를 제출해야 합니다. 재발급에는 3일~1주일이 걸리므로 시간이 없다면 항공권을 다시 구입해야 합니다. 이런 경우에는 새로 구입한 항공권의 남은 부분을 소지하고 있다가 귀국 후 분실한 항공권을 발행한 여행사에 가서 환불신청을 합니다.

현금을 잃어버렸을 때
한국에 전화해서 송금을 받아야 합니다. 송금할 때는 여권번호가 필요하므로 송금을 해주는 사람에게 여권번호를 가르쳐 주고 돈을 찾을 때는 여권을 제시합니다.

여행자수표를 잃어버렸을 때
은행에서 구입할 때 받은 여행자수표 발행증명서, 여권을 가지고 여행자수표를 발행한 은행의 지점이나 본점으로 갑니다. 따라서 여행자수표를 구입하면 수첩에 일련번호를 적어놓고 사용한 여행자수표는 매일 기록을 해두어 쉽게 알 수 있도록 하는 것이 잃어버렸을 때 큰 도움이 됩니다.

신용카드를 잃어버렸을 때
신용카드를 발행한 은행이나 카드회사에 신고해야 합니다. 현지에 회사가 없을 때는 한국으로 직접 신고 해야 합니다. 분실 신고시에는 이름과 카드번호가 필요하므로 카드번호는 따

● 하루 ~번 드세요.

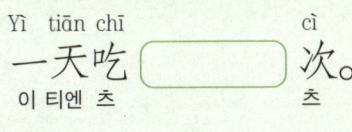

Yī tiān chī 　　　　 cì
一天吃 　[　　　]　 次。
이 티엔 츠 　　　　 츠

관련표현
- 식후(전) ~알
  饭后(前)○片 Fànhòu(qián) ~ piàn
  판호우(치엔)　피엔

로 수첩에 적어 두는 것이 좋습니다.

짐을 잃어버렸을 때

공항에서 분실했을 때는 공항의 분실물센터에 연락해서 도움을 받습니다. 공항 이외의 장소에서 분실했을 때는 짐을 맡겼을 때 받은 보관증을 가지고 분실센터에 신고한 다음 공안국 출입경관리처에서 분실 증명서를 받습니다.

주요 현지 연락처

- 범죄신고 : 110
- 화재신고 : 119
- 구급센터 : 120
- 날씨안내 : 121
- 교통사고 : 122
- 시간안내 : 117
- 전화번호 안내 : 114
- 한국통신 콜랙트콜 : 108821
- 온세통신 콜랙트콜 : 108827
- 데이콤 콜랙트콜 : 108828
- 주중 한국대사관 홈페이지 : http://www.koreaemb.org.cn
  주중대한민국대사관 : (010)6532-0290 (교환 459,406) FAX:(010)6532-0144
- 북경대사관 영사과 : (010)6532-6773,4,5 (교환 123) FAX:6532-2717
- 상해총영사관 :(021)6219-6417/20 FAX:(021) 6219-6918
- 청도총영사관 : (0532) 288-8900 FAX:(0532) 288-8912
- 심양 영사관 : (024) 2385-7820

| 긴급상황 |

01 분실, 도난

Point 1 맞춤 표현

↗ 도와 주세요!
救命啊! Jiù mìng a!
찌우 밍 아

↗ 도둑이야!
小偷儿! Xiǎo tōur!
시아오 톨

↗ 지갑을 소매치기 당했어요.
钱包被偷了。 Qiánbāo bèi tōu le.
치엔빠오 뻬이 터우 러

 Point 2 유용하게 쓸 수 있는 표현

☐ 위험해!
危险! Wēixiǎn!
워이시엔

☐ 누가 좀 와 주세요!
来人哪! Lái rén na!
라이 런 나

☐ 잠깐 기다려요!
等一等! Děng yi děng!
덩 이 덩

- 차가 와요! 서두르세요!

  车要开了！快点儿！Chē yào kāi le! Kuài diǎnr!

  처 야오 카이 러   콰이 디얼

- 짐을 도둑 맞았어요.

  行李被偷了。Xíngli bèi tōu le.

  싱리 뻬이 터우 러

- 여권이 없어졌어요.

  我把护照丢了。Wǒ bǎ hùzhào diū le.

  워 바 후쟈오 디우 러

- 지갑을 방에 두고 나왔는데요.

  我把钱包忘在房间里了。Wǒ bǎ qiánbāo wàng zài fángjiān lǐ le.

  워 바 치엔빠오 왕 짜이 팡지엔 리 러

- 전부 훔쳐 갔어요.

  全都被偷了。Quán dōu bèi tōu le.

  취엔 또우 뻬이 터우 러

- 경찰을 불러 주세요.

  叫警察来。Jiào jǐngchá lái.

  지아오 징차 라이

- 신용카드를 무효시켜 주세요.

  把信用卡作废。Bǎ xìnyòngkǎ zuòfèi.

  바 신용카 쭈어페이

- 이 주소로 연락해 주세요.

  请按此地址联系。Qǐng àn cǐ dìzhǐ liánxì.

  칭 안 츠 디쯔 리엔시

긴급상황

몸이 아플 때

Point 1 맞춤 표현

🔽 **몸이 좀 아픕니다.**
我不舒服。Wǒ bù shūfu.

워 뿌 수푸

🔽 **여기가 아픕니다.**
这儿疼。Zhèr téng.

쩔 텅

🔽 **머리가 좀 아픕니다.**
有点儿头疼。Yǒu diǎnr tóuténg.

여우 디얼 터우텅

Point 2 유용하게 쓸 수 있는 표현

☐ 배가 아픕니다.
肚子疼。Dùzi téng.

뚜즈 텅

☐ 오한이 납니다.
觉得发冷。Juéde fālěng.

쥬에더 파렁

☐ 어지럽습니다.
眩晕。Xuànyùn.

슈엔윈

- 구토가 납니다.
  恶心。ěxīn.

  어씬

- 계속 가렵습니다.
  痒得要命。Yǎng de yàomìng.

  양 더 야오밍

- 차멀미가 납니다.
  好象晕车了。Hǎoxiàng yùnchē le.

  하오시앙 윈처 러

- 감기에 걸렸습니다.
  感冒了。Gǎnmào le.

  간마오 러

- 기침을 심하게 하고, 가래도 나옵니다.
  咳嗽得很厉害, 还有痰。Késou de hěn lìhai, hái yǒu tán.

  커써우 더 헌 리하이   하이 여우 탄

- 식욕이 없습니다.
  没有食欲。Méiyǒu shíyù.

  메이여우 스위

- 밤에 잠을 잘 잘 수 없습니다.
  晚上睡不好觉。Wǎnshang shuì bù hǎo jiào.

  완상 수이 뿌 하오 지아오

- 약을 많이 먹었는데 아직 낫질 않아요.
  吃了好多药, 还不见效。Chī le hǎo duō yào, hái bú jiànxiào.

  츠 러 하오 뚜어 야오   하이 뿌 지엔시아오

201

긴급상황

03 병원

Point 1 맞춤 표현

> 접수는 어디에서 합니까?
> **在哪儿挂号?** Zài nǎr guàhào?
>
> 짜이 날 꾸아하오
>
> 내과를 부탁합니다.
> **我挂内科。** Wǒ guà nèikē.
>
> 워 꾸아 네이커
>
> 머리가 아파서 죽겠습니다.
> **头疼得要命。** Tóu téng de yàomìng.
>
> 터우 텅 더 야오밍

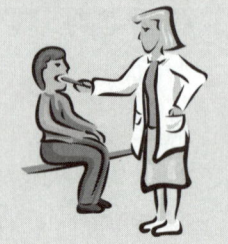

Point 2 유용하게 쓸 수 있는 표현

□ 진찰권은 가지고 있습니까?
有挂号证吗? Yǒu guàhàozhèng ma?

여우 꾸이하오쩡 마

□ 없습니다. 초진입니다.
没有。我是第一次来。 Méiyǒu. Wǒ shì dì yí cì lái.

메이여우   워 스 띠 이 츠 라이

□ 그러면 이 용지에 기입해 주세요.
那填一下这张表。 Nà tián yíxià zhè zhāngbiǎo.

나 티엔 이샤 쩌 장비아오

□ 이러면 되겠습니까?

这样填，行吗？Zhè yàng tián, xíng ma?

쩌 양 티엔　　싱 마

□ 좋습니다. 3번 진찰실로 가 주세요.

行，请到3号诊室。Xíng, qǐng dào sānhào zhěnshì.

싱　　칭 따오 싼하오 전스

□ 어디가 아프십니까?

你哪儿不舒服？Nǐ nǎr bù shūfu?

니 날 뿌 수푸

□ 먹으면 토해 버립니다.

一吃东西就吐。Yī chī dōngxi jiù tù.

이 츠 똥시 지우 투

□ 열은 있습니까?

发烧吗？Fāshāo ma?

파샤오 마

□ 열은 없습니다.

不发烧。Bù fāshāo.

뿌 파샤오

□ 걱정하지 마세요. 감기입니다.

没什么。你感冒了。Méi shénme. Nǐ gǎnmào le

메이 션머　　　니 간마오 러

□ 약을 드시면 좋아질 겁니다.

吃点儿药就好了。Chī diǎnr yào jiù hǎo le.

츠 디얼 야오 지우 하오 러

긴급상황

04 약국

Point 1 맞춤 표현

▸ 약을 부탁합니다.
我付药。 Wǒ fù yào.

워 푸 야오

▸ 어떻게 복용합니까?
怎么服用? Zěnme fúyòng?

쩐머 푸용

▸ 식전, 식후 아무 때나 먹으면 됩니다.
饭前饭后都可以。 Fàn qián fàn hòu dōu kěyǐ.

판 치엔 판 허우 또우 커이

Point 2 유용하게 쓸 수 있는 표현

☐ 이 근처에 약국이 있습니까?

这附近有药房吗? Zhè fùjìn yǒu yàofáng ma?

쩌 푸진 여우 야오팡 마

☐ 진통제 주세요.

请给拿一下止痛药。 Qǐng gěi ná yíxià zhǐtòngyào.

칭 게이 나 이시아 쯔통야오

☐ 감기약 있습니까?

有感冒药吗? Yǒu gǎnmàoyào ma?

여우 간마오야오 마

□ 대금은 지불했습니까?

交钱了吗? Jiāo qián le ma?

지아오 치엔러 마

□ 지불했습니다.

交了。Jiāo le.

지아오 러

□ 당신 약입니다. 받으세요.

这是你的药，请收好。Zhè shì nǐ de yào, qǐng shōu hǎo

쩌 스 니 더 야오   칭 쇼우 하오

□ 하루 네 차례, 한 번에 두 알 복용하세요.

每天四次，每次两片。Měitiān sì cì, měicì liǎng piàn.

메이티엔 쓰 츠   메이츠 리앙 피엔

□ 환약은 어떻게 먹죠?

丸药呢? Wǎnyào ne?

완야오 너

□ 하루 두 번, 한 번에 한 알 드세요.

每天两次，每次一丸。Měitiān liǎng cì, měicì yì wán.

메이티엔 리앙 츠   메이츠 이 완

여행중 병에 걸리거나 다쳤을 때

중국의 의학은 중의학과 서의학으로 되어 있는데 중의학이 보다 체계적이고 수준이 높은 상태입니다. 병에 걸리거나 다쳤을 때는 프런트에 연락해서 의사를 부르는 것이 가장 좋습니다. 호텔에 따라서는 전속의사가 있기도 하고 한국어를 할 줄아는 의사를 불러 주기도 합니다.

여행상해보험에 가입했다면 귀국 후에 치료비를 보상받을 수 있는데 보험금을 청구하려면 ① 의사의 진단서 ② 치료비 명세서 ③ 치료영수증이 필요하므로 발급받아 두어야 합니다.

유용하게 쓸 수 있는 단어

☐ 医生 yīshēng	이셩	의사
☐ 牙医 yáyī	야이	치과의사
☐ 药 yào	야오	약
☐ 药铺 yàopù	야오푸	한약방
☐ 药房 yàofáng	야오팡	약국(양약)
☐ 病 bìng	뼁	병
☐ 医院 yīyuàn	이위엔	병원
☐ 药方 yàofāng	야오팡	처방전
☐ 头疼 tóuténg	토우텅	두통
☐ 感冒 gǎnmào	간마오	감기
☐ 肚子疼 dùziténg	뚜즈텅	복통
☐ 注射 zhùshè	쭈셔	주사
☐ 头 tóu	토우	머리
☐ 眼睛 yǎnjing	옌징	눈
☐ 耳朵 ěrduo	얼두어	귀
☐ 鼻子 bízi	비즈	코
☐ 嘴 zuǐ	주이	입
☐ 胃 wèi	웨이	위
☐ 肠 cháng	창	장
☐ 胳膊 gēbo	꺼보	팔
☐ 手 shǒu	쇼우	손
☐ 手指 shǒuzhǐ	쇼우즈	손가락
☐ 腿 tuǐ	투이	넓적다리
☐ 脚 jiǎo	지아오	발